Publication Series: MOE Supported Projects of Key Research Institutes of Humanities and Social Sciences in Universities

Economics and Statistics

教育部人文社会科学重点研究基地重大项目成果丛书

Publication Series: MOE Supported Projects of Key Research Institutes of Humanities and Social Sciences in Universities

经济学、统计学类 Economics and Statistics

金融时间序列建模和风险度量

——基于广义双曲线分布的方法

林清泉　张建龙　著

中国人民大学出版社
·北京·

前言

探寻变幻莫测的资产价格变动规律，过去和现在都被认为是通往财富大门的“密钥”。站在当前时点上，未来资产价格是向上还是向下？无数人在寻找着答案。在一个不完备的金融市场，如果用特定的概率分布来描述资产价格未来的状态，以布朗运动来刻画资产价格未来的运动过程，研究初级资本市场，确实作用不大，而技术分析、基本面分析具有更强的指导意义。

但在较为成熟的资本市场中，金融衍生品在市场中占有很大的份额，对冲和套利是主要的交易方式。对与现实市场更接近的资产收益率分布、资产价格运动过程的研究，具有重要的现实意义，其准确与否对金融时间建模、或有权定价、对冲、风险度量和组合资产优化结果有着重要影响。

就资产收益率分布而言，经典的正态分布假设及其相应金融时间序列模型不能解释资产收益率所呈现出的异象——“程式化现象”，因此出现多种代替正态分布的改进假设，包括 t 分布、稳定分布等，同时也伴随着大量支持或反对的实证研究。迄今为止，广义双曲线分布是表现最为优异的资产收益率拟合。它作为子类丰富、形状灵活的分布族，是 Barndorff-Nielsen（1977）在研究沙丘运动建模时引入的，之后 Eberlein & Keller（1995）把它引入金融领域，现在它已经渗透到多项金融工程研究领域。在实践中最为常用的是它的四个子分布：双曲线分布、正态逆高斯分布、

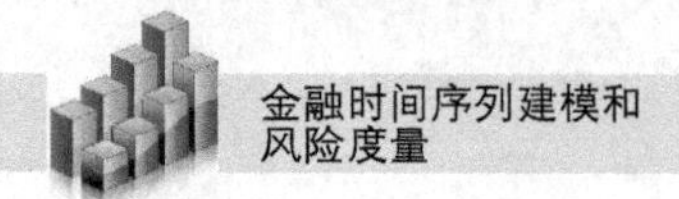

方差伽玛分布和偏 t 分布。本书旨在进一步深入研究这四个子分布，通过实证分析，用这四个子分布拟合中国主要股指的收益率分布。结果表明：它们都很好地拟合了中国主要股指的收益率分布，其中以正态逆高斯分布拟合效果最佳。

全书结构安排如下：

首先，分析广义双曲线分布性质及其参数估计方法，并对中国主要股指收益率分布拟合作了比较研究。其次，讨论广义双曲线分布在金融时间建模中的应用；用广义双曲线分布改进 GARCH 类模型和构造新的扩散过程。最后，通过研究导出一致性风险度量指标 CVaR 的鞍点解析式，并加以详细论证，还用该近似技术对广义双曲线分布进行风险度量。

在分析广义双曲线分布性质及其参数估计方法时，首先讨论了第三类修正贝塞尔函数和广义逆高斯分布的性质，总结了广义双曲线分布的主要参数表示方法和主要子分布、极限分布。在研究广义双曲线分布的参数估计方法时，对 EM 算法作出了改进：在 McNeil，Frey & Embrechts（2005）EM 算法和 WenBo Hu（2005）修正 EM 算法框架下，我们用两个重要参数的线性关系代替 WenBo Hu（2005）包含第三类修正贝塞尔函数的方程，避免了对该方程数值求解，提高了运算效率。在实证部分选择国内三个主要指数，使用双曲线分布、正态逆高斯分布、方差伽玛分布和偏 t 分布对过滤后资产收益率数据进行拟合，以 K-S 统计量对四类分布的拟合效果进行了比较。

研究广义双曲线分布在 GARCH 类模型的应用时，从介绍金融时间序列“程式化现象”和 GARCH 类模型入手，然后基于广义双曲线新的分布假设下构建了新模型。通过把广义双曲线分布应用于误差项分布假设，构建出 GARCH-GH 模型替代 GARCH-Normal，GARCH-t 和 GARCH-GED 等模型，以提高 GARCH 模型对金融时间序列的刻画能力。为解决 GARCH-GH 模型的参数估计问题，我们研究了准极大似然估计法及其渐近性质；为检验 GARCH-GH 模型是否提高了原模型对金融时间序列的刻画能力，我们分析了 Duan（2004）的模型设定检验方法。以中国沪深 300 指数为例进行实证分析，基于 Duan（2004）提供的方法检验了分布假设对模型设定的影响，并在不同分布假设下对比了模拟序列和真实序列的偏度、峰度统计量。结果表明：误差项的方差伽玛分布和正态逆高斯分布假设显著改善了模型的统计指标；基于标准正态逆高斯分布假设的 GARCH 模型模拟收益率序列很好刻画了真实收益率序列的偏度和峰度特征，其刻画能力显著优于正态分布假设和 t 分布假设。

扩散过程是常用的金融时间建模工具。鉴于广义双曲线分布在资产收益率拟合中的良好表现，我们构建了边际分布服从特定广义双曲线的扩散过程。特定边际密度函数扩散过程的构造方式不止一种：Rydberg（1999）的构建方法是假设扩散系数为零，基于该方法可以构建边际密度函数不变且等于广义双曲线密度函数的扩散过程；Bibby，Skovgaard & Sorensen（2005）假设随机微分方程服从均值回复过程，不仅构造出服从特定边际密度函数的扩散过程，还能构造出特定自相关函数。我们以规模测度和速度测度为工具，将 Rydberg（1999）和 Bibby，Skovgaard & Sorensen（2005）两种构造方法纳入统一框架，以规模测度和速度测度为工具，构造出零漂移广义双曲线扩散过程和均值回复广义双曲线扩散过程。

最后，我们讨论了广义双曲线分布在风险度量方面的应用。VaR 是最常用的风险度量指标，但它在数学性质上存在缺陷：当资产收益率为非椭圆分布时，VaR 不满足次可加性。根据 Artzner 等（1999）对“一致性”的定义，一致性度量指标满足次可加性，而最简单的一致性风险度量就是 CVaR，它测度了超出 VaR 部分的条件期望。我们在 Daniels（1987）基础上，导出 CVaR 的鞍点解析式。基于伽玛分布和贝塔分布的检验结果表明：CVaR 鞍点解析式是 CVaR 的稳健近似。因为广义双曲线分布的概率密度函数形式复杂，所以不具备显式累积分布函数。但广义双曲线分布却存在显式矩母函数，因此具备基于以鞍点解析式计算其 CVaR 的条件。然后我们以正态逆高斯分布为例，基于鞍点法和模拟法分别计算它的 VaR 和 CVaR。结果表明：鞍点法能够精确、稳健地计算正态逆高斯分布的风险度量指标。

本项目受“教育部人文社会科学重点研究基地基金资助”（项目批准号2009JJD790049）。

林清泉　张建龙

中国人民大学中国财政金融政策研究中心

中国人民大学财政金融学院

目录

第一章
广义双曲线分布

Barndorff-Nielsen（1977）发现了类丰富、形状灵活的分布族——广义双曲线（generalized hyperbolic，GH）分布，它对实际收益率数据表现出良好的拟合性能。自 Eberlein & Keller（1995）将其引入金融研究领域以来，已广泛应用于金融时间序列建模、风险管理、或有要求权定价等多个研究领域。由于资产收益率分布、资产价格运动过程的假设在金融工程研究中处于基础性地位，在理论上对它们进一步深入研究，将对其“应用层面”——风险管理、期权定价、对冲等产生显著影响。本书将对该分布进一步深入分析和探讨，并研究它在中国资本市场的金融时间序列建模和风险度量领域的应用。

众所周知，资产收益率分布和资产价格运动过程之间存在密切联系，两者在假设上的演进一直是相伴而行。资产收益率的广义双曲线分布假设也是如此。刻画资产价格运动过程的模型可归入两大类：GARCH 类模型和随机波动模型，两者都有 20 年以上研究历史。GARCH 类模型的一类改进方向是新息项（innovation）假设，以广义双曲线分布代替传统的正态分布、t分布、GED分布后，模型设定的检验结果显示：新息项的新假设显著改善了GARCH模型对金融时间序列的刻画能力。

基于扩散过程构造出特定的广义双曲线边际分布是近年来新兴的研究领域，主要研究文献有Bibby & Sorensen（1997），Rydberg（1999）和Bibby，Skovgaard & Sorensen（2005）。他们使用不同的方法证明，把扩散过程和边际分布完美地对应在了一起。本书在深入分析他们的研究成果基础上，把两种不同的证明方式纳入同一个框架中——统一了广义双曲线扩散过程的构造方法。在实际中应用连续时间序列模型需要离散化技术，我们把广义双曲线扩散过程和Kloeden & Platen（1992）的离散化技术结合在一起，研究广义双曲线扩散过程的参数估计问题，并把广义双曲线分布应用到风险管理领域。在导出CVaR鞍点近似公式后，广义双曲线分布可应用于风险度量。

在资产收益率分布假设为广义双曲线分布基础上，把它应用于金融时间序列建模，并最终把它应用于衍生品的定价、对冲和风险管理。但无论如何，研究它在金融时间序列中的应用，探讨它的参数估计方法，都是其应用于各金融领域的前提。下面我们对资产收益率分布假设、ARCH/GARCH模型、随机波动模型和风险管理四个领域的研究情况进行分析。

1.1　资产收益率分布的研究

从法国数学家Bachelier（1900）的博士论文《投机理论》开始，数学家和经济学家对资产收益率分布假设的探索已经延续100多年。无论是期权定价、对冲，还是风险度量、组合资产优化，都需要事先假设标的资产收益率服从一定分布、标的资产价格服从一定运动过程，这些假设对期权定价、对冲、风险度量和资产优化的效果有着重要影响。《投机理论》开创性地把布朗运动应用于股票价格运动过程研究，并作出“股票价格变化服从布朗运动，股票价格变化独立同分布”假设。该假设可推导出以下重要结论（Edward & Timothy，1991）：第一，依据该假设和中心极限定理，可推导出股票价格服从正态分布；第二，股票价格变化独立同分布是有效市场理论的基础；第三，以布朗运动刻画股票价格变化，实质是假设股票任何未来价格变化仅依赖于当前价格水平，而与历史价格无关，从而股票价格具有“马尔可夫性”，这与有效市场理论相一致。

Bachelier 的工作长期受到忽视，直至 1959 年 Osborne（1959）独立推导出与 Bachelier 类似结论，重新利用布朗运动描述股票价格运动过程。不同之处在于：Osborne（1959）假设股票价格变化比例服从布朗运动（设价格为 P，$\mathrm{d}P/P$ 即价格变化比例）。正如 Barrett & Wright（1974）指出：由于股票价格与布朗运动增量不相关，Osborne 使用普通微积分变换得出股票对数价格变化 $\mathrm{d}(\ln P)$ 服从布朗运动的结论并不合适（应利用伊藤公式求解）。1964 年，Sprenkle（1964）和 Boness（1964）提出股票价格服从对数正态分布的假设，并允许股价有正向漂移；Samuelson（1965）则引入常系数几何布朗运动刻画股票价格过程（相当于假设股价服从对数正态分布，资产收益率服从正态分布假设），该过程假设是 Black & Scholes（1973）及 Merton（1973）期权定价公式中的重要内容。自此之后，几何布朗运动成为描述资产价格运动过程的经典假设，正态分布成为资产收益率分布的经典假设。

尽管资产价格过程几何布朗运动假设（即资产收益率正态分布假设）在实际中得到广泛应用，但大量文献指出该假设与实际金融数据的运动特征不吻合。Mandelbrot（1963），Fama（1965，1976），Blume（1968），Officer（1971），Clark（1973），Harris（1986），Bookstaber & McDonald（1987），Affleck-Graves & McDonald（1989）等文章对股票收益率是否服从正态分布进行了检验，都得到相同结论：股票收益率不服从正态分布假设，实际股票收益率具有比正态分布更高的峰度、更厚的尾部，且越是高频数据，这一特征越明显。Fama（1965）和 Taylor（1986）还发现股票对数收益率的增量虽具有弱自相关性，但并非独立（如收益率平方项或绝对值显著自相关）；Richardson & Smith（1993）则给出了股票收益率多元正态分布假设的检验方法。

Cont（2001）对资产收益率的经验特征作了总结，把它们统称为资产收益率的“程式化性质”（stylized properties）①，并列出十一条性质，其中六条是常用的性质。

第一，弱自相关性。除高频金融数据（小于等于20分钟）外，资产收益率不存在显著的（线性）自相关性。

第二，厚尾性。正态分布尾部指数为2，而收益率非条件分布尾部指数一般大于2小于5（尾部指数越大，尾部越厚）。

第三，加总的高斯性（aggregational Gaussianity）。随着时间单位的放大，收益率分布逐渐趋向于正态。特别的，时间单位不同，收益率分布的形状也不相同。

第四，波动集聚性。波动性的不同测度都显示出正自相关性，这意味着高波动性在时间上趋于集聚。

第五，条件厚尾（conditional heavy tails）。波动集聚性经修正（如通过GARCH模型）后的收益率，残差时间序列仍呈现出厚尾特征。

第六，资产收益率的长期记忆性。绝对收益率的自相关函数，作为滞后时间项的函数，缓慢衰减。

为了让分布假设满足实际金融数据呈现出的“程式化性质”，需要对资产收益率分布假设作出改进。Mandelbrot（1963）提出用稳定分布（stable distribution）代替正态分布假设，虽然Fama（1965），Samuelson（1967）等支持这一假设，但Officer（1972），Blattberg & Gonedes（1974），Hsu，Akgiray & Booth（1988）等提供了反对该假设的证据。Lau，Lau & Wingender（1990）利用稳定分布样本四阶矩和六阶矩随样本规模扩大其数量急剧增长的性质，令人信服地显示了股票收益率（无论是个股还是指数）都能在95%以上置信度下拒绝服从稳定分布的原假设。何建敏等（2003）对中国证券市场收益率分布的研究也证实了稳定分布的尾部通常比实际分布

① 也有文献称之为“程式化现象”（stylized facts）。

更厚；Romanovsky（2000）提出“截尾的稳定分布”假设（中间部分用稳定分布拟合，尾部用指数分布代替），但应当在何处“截尾”是一个问题。

目前来看，广义双曲线较好解决了资产收益率分布的刻画问题，因为它是一个非常庞大的分布族。与很多分布一样，广义双曲线的诞生与金融无关，它是 Barndorff-Nielsen（1977）在给沙丘运动建模时引入的。引入金融领域，那是 1995 年的事情了。

广义双曲线分布有两个重要子类：双曲线（hyperbolic，HYP）分布和正态逆高斯（normal inverse Gaussian，NIG）分布；两个重要极限分布：方差伽玛分布（variance Gamma distribution）和偏 t 分布（skewed t distribution）。Eberlein & Keller（1995）率先将“双曲线分布”应用于金融领域研究；Barndorff-Nielsen（1997）研究了正态逆高斯分布的性质，Andersson（2001），Forsberg & Bollerslev（2002），Jensen & Lunde（2001），Venter & De Jongh（2002）把 NIG 分布作为 GARCH 模型的条件分布，Prause（1997），Rydberg（1997），Bolviken & Benth（2000）和 Lillestol（2000）则把该分布用作资产收益率的非条件分布。

对于“偏 t 分布”，Prause（1997），Barndorff-Nielsen & Shepard（2001），Jones & Faddy（2003），Mencia & Sentana（2004），Demarta & McNeil（2004）均对它作了简要介绍；正态逆高斯分布和偏 t 分布应用的详细文献见 Aas & Haff（2005）；曹志广，王兴安，杨军敏（2005）利用 GH 分布拟合 1997 年 1 月 1 日—2003 年 9 月 19 日的上证综合指数日收益率数据也取得良好效果。在应用方面，Prause（1999）把广义双曲线模型用于期权定价、风险度量，WenBo Hu（2005）进一步把它应用于风险管理、组合优化和信用组合管理。

1.2 ARCH/GARCH 模型研究

离散金融时间序列建模包括条件均值模型和条件异方差模型两部分，常用于刻画条件均值的 ARMA 模型在计量经济学教科书中都有详细介绍，在此不再赘述。下面主要介绍条件异方差模型的发展，同时也涉及条件均值模型的最新研究。

早在20世纪60年代，Mandelbrot（1963）和Fama（1965）就发现资产收益率的波动存在“集聚性”现象，表现为：资产价格的大变动接着大变动，小变动连着小变动。但无论是B-S期权定价公式、ARMA模型还是CAPM都假设资产波动率是常数。为刻画实际资产收益率存在的时变波动现象，自20世纪80年代开始，并行开展着两个方向的研究。第一，是由Engle（1982）和Bollerslev（1986）引入的ARCH模型和GARCH模型；第二，是具有随机波动的扩散模型，如Hull & White（1987），Wiggins（1987），Chesney & Scott（1989），Heston（1993）等。关于两类模型之间的关系，也有很多研究成果：Nelson（1990）把随机波动和ARCH/GARCH两类模型连接在了一起，证明某些GARCH模型可以解释为随机波动扩散模型在离散时间上的近似。

在多元情况下，GARCH模型和随机波动模型都将面临参数估计上的困难，即所谓的“维数灾难”。20世纪末，Andersen & Bollerslev（1998）引入一种叫“已实现波动率”（realized volatility，RV）的随机波动建模方法，用“已实现协方差”来弥补“维数灾难”。Andersen，Bollerslev，Diebold & Labys（2000，2001a，2001b，2003）对“已实现波动率”和“已实现协方差”给出了理论解释。由于该方法对波动率的建模简单、准确，短时间内得到了快速发展。对随机波动模型、随机波动模型与GARCH类模型之间关系的研究不在本书内容之列，下面着重介绍ARCH/GARCH拓展模型和最新的RV方法。

自从Engle（1982）和Bollerslev（1986）的开创性论文诞生以来，为了使模型能够刻画更为丰富的“程式化现象”，出现了一批ARCH/GARCH拓展模型。Black（1976）最早注意到股票当前收益率变动与未来波动率的负相关性，发现正负收益率“冲击”对波动率影响的不对称现象。Christie（1982），French，Schwert & Stambaugh（1987），Pangan & Schwert（1990），Schwert（1990），Nelson（1991），Engle & Ng（1993），

Campbell & Hentschel（1992）等也证实了股票价格变动与波动率的负相关关系。不同之处在于：Black（1976），Christie（1982），Pangan & Schwert（1990）和Engle & Ng（1993）把该现象常归因于“杠杆效应”（leverage effect），而 French，Schwert & Stambaugh（1987），Campbell & Hentschel（1992）则把该现象归因于“波动率反馈效应”（volatility feedback effect）。

由于 Engle（1982）和 Bollerslev（1986）的 ARCH/GARCH 模型假设收益率“等幅升降”对波动率的影响是“对称”的，为刻画“波动不对称”现象，产生了大量非线性 GARCH 模型①，如 Nelson（1991）的 EGARCH 模型、Glosten 等（1993）的 GJR-GARCH 模型等。Duan（1997）提出的增广 GARCH 模型（augmented GARCH），囊括了八类常用模型：（1）Bollerslev（1986）和 Taylor（1986）的线性 GARCH（LGARCH）模型（最早的 ARCH/GARCH 模型称为 LARCH/LGARCH 模型）；（2）Geweke（1986），Pantula（1986）和 Mihoj（1987）的 MGARCH（对数 GARCH）模型；（3）Nelson（1991）的 EGARCH 模型；（4）Glosten 等（1993）的 GJR-GARCH 模型；（5）Engle 和 Ng（1993）的 NGARCH 模型；（6）Engle 和 Ng（1993）的 VGARCH 模型；（7）Taylor（1986）和 Schwert（1989）的 TS-GARCH 模型；（8）Zakoian（1994）的 TGARCH 模型。

在 ARCH/GARCH 模型的研究过程中，发现残差项的自相关函数呈现按双曲率缓慢衰减的特征，即所谓的“波动率持续性”（volatility persistence）。最初 Engle & Bollerslev（1986）认为是模型参数具有单位根，引入了 IGARCH（integrated GARCH）模型刻画金融时间序列，但 Dicker-Fuller 检验拒绝了波动率时间序列存在单位根的假设。受自回归分整移动平均（ARFIMA）模型启发②，引发了把 GARCH 模型和长记忆性相联系的研究热潮。为刻画实际金融序列波动率呈现出的“长记忆性”，Baillie,

① 标准 ARCH/GARCH 称为线性 ARCH/GARCH 模型，以条件方差是滞后条件方差项和滞后误差项的线性函数得名。

② ARFIMA 模型显示：没有单位根的长记忆性模型也能呈现出自相关函数缓慢衰减的特征。

Bollerslev & Mikkelsen（1996）提出分整 GARCH 模型（fractional integrated GARCH），Ding & Granger（1996）提出长记忆 GARCH 模型（long memory GARCH），Bollerslev & Mikkelsen（1996）提出了分整指数 GARCH 模型（fractional integrated exponential GARCH），柯珂和张世英（2003）综合 Duan（1997）的增广 GARCH 模型和 Bollerslev & Mikkelsen（1996）的分整 GARCH 模型提出分整增广 GARCH 模型，Giraitis，Robinson & Surgailis（2004）则考虑用杠杆 ARCH（leverage ARCH，LARCH）模型来同时刻画波动率的杠杆效应和长期记忆性。

GARCH 模型通常把资产价格的大幅震荡（shock）对资产收益率的持续性影响归因于对波动率的影响，Lamoureux & Lastrapes（1990）却指出"如此高的波动率持续性可能只是波动率过程发生状态转移（regime shift）后的假象"。Hamilton（1988）把马尔可夫转换（Markov-switching）模型用于刻画金融时间序列出现的巨幅波动，受此启发，Hamilton & Susmel（1994），Cai（1994）提出了状态变换 ARCH（regime-switching ARCH）模型；Dueker（1997）提出了状态变换 GARCH（regime-switching GARCH）模型，用于刻画不同波动率水平表现出的持续性；Fornari & Mele（1997）拓展了 GJR-GARCH 模型，允许模型参数随着历史收益率的符号变化而变化。

但是状态转移模型假设只有有限的离散状态，并由于概率转移矩阵参数估计的困难，往往只选择很少几个状态。作为对状态变换 ARCH/GARCH 模型的扩展，同时受 STAR 模型启发，Hagerud（1997），Gloria（1998），Lundbergh & Teräsvirta（1998）建立的 STGARCH（smooth transition GARCH）模型，利用连续且可以控制平滑程度的转移函数，以调整转移函数的平滑程度来控制状态数量。不同在于 Gloria（1998）仅考虑了 Logistic 型转移函数，而 Hagerud（1997）则考虑了 Logistic 函数和指数函数两种情况。

Anderson，Nam & Vahid（1999）把 Fornari & Mele（1997），Hagerud（1997）和 Gloria（1998）的思想结合起来，提出了非对称非线性平滑转

移GARCH模型（asymmetric nonlinear smooth transition GARCH，ANSTGARCH）。Medeiros & Veiga（2004）提出弹性系数GARCH模型（flexible coefficient GARCH，FCGARCH），该模型是其他模型在多状态的推广。

受门限自回归（threshold autoregressive，TAR）模型启发，Li & Li（1996）提出双门限ARCH（double threshold ARCH，DTARCH）模型；Liu，Li & Li（1997）对DTARCH模型做了推广，提出双门限GARCH（DTGARCH）模型，利用门限过程对条件均值和条件方差建模；Audrino & Bühlmann（2001）为了描述波动率的多种极限状态提出了树结构GARCH（tree structure GARCH）模型；Caporin & McAleer（2006）开发了动态非对称一元GARCH模型。

ARCH/GARCH在高频金融数据建模领域也有重要拓展。研究高频金融数据有两方面意义：第一，研究者和交易者希望发现感兴趣的事件，比如测度日内风险（intraday risk）和发现短线交易获利机会；第二，研究者和交易者希望利用高频数据对预测期作出更为精确的预测。

首先假设样本数据高频率但等间距抽取，那么使用高频金融数据估计波动率存在的主要障碍之一就是模型的“时间加总”（temporal aggregation）问题。“时间加总”问题是指：在不同的时间度量（如分、时、日、周等）下，模型是否能保持相同的形式。从经验上看，根本无法判断在“时间加总”下，模型是否能保持相同的形式；从纯理论层面看，假设时间序列由特定的数据生成过程（data-generating process，DGP）刻画，问题关键点在于什么样的DGPs能够在“时间加总”条件下保持封闭，即哪些DGPs能够在不同时间度量下生成相同的时间序列。Drost & Nijman（1993）研究了GARCH过程的“时间加总”问题，发现GARCH（p，q）模型在时间度量变换下，生成的时间序列也发生了改变，改变原因在于之前生成的序列是鞅差序列。为解决这一问题，Drost & Nijman（1993）通过引入没有鞅差条件的Weak GARCH过程，表明Weak GARCH过程在时间加总条件下封闭并为新过程构建了获取参数的公式。

Christoffersen，Diebold & Schuermann（1998）使用 Drost & Nijman 的公式证明通常使用的波动率在时间上扩展的方法（以时间二次根对不同时间测度下的波动率作转换）存在严重错误；为了利用高频数据估计波动率，Meddahi & Renault（2004）提出一类自回归随机波动模型 SR-SARV 模型类，该类模型在时间加总下保持封闭，并避免了 Weak GARCH 模型的局限性。

金融建模的终极目标是使用所有可获得的信息，而所有信息都包含在分笔交易数据（tick-by-tick data）中。Engle & Russell（1998）提出自回归条件久期模型（autoregressive conditional duration，ACD）来表示交易指令或交易行为的随机到达，交易指令或交易行为的随机到达受波动率集聚现象影响，因为一段交易频繁的时期之后一般总伴随着交易清淡期。ACD 模型有多种拓展模型，如 Bauwens & Giot（1997）引入对数 ACD 模型刻画纳斯达克市场的买卖报价；Ghysels & Jasiak（1997）引入 ACD-GARCH 模型来刻画交易到达时间，GARCH 参数设为成交时间（duration between transactions）的函数，该模型可视为随机系数 GARCH 模型。

已实现波动率模型是高频金融数据建模的重要手段。早在 1980 年，Merton（1980）就指出：只要能够得到足够数量的高频数据，任何区间段的波动率都能直接利用相应区间内高频数据平方求和的方式，得到任意精度的波动率估计量。基于这一思想，Andersen & Bollerslev（1998）率先使用高频数据用于波动率的估计和预测。随后研究者对不同领域，包括汇率（Andersen，Bollerslev，Diebold & Labys，2001a）、股指和相应期货（Ebens，1999；Areal & Taylor，2002；Martens，2002；Thomakos & Wang，2003）、个股（Andersen，Bollerslev，Diebold & Ebens，2001）等进行了研究。通过研究揭示出一个重要"程式化现象"：已实现波动率是 d 阶分整结构，d 值在 0.4 左右。这一性质已经用于对日以及更长时期波动率的建模和预测，如汇率（Andersen，Bollerslev，Diebold & Labys，2003；Li，2002；Pong，Shackleton，Taylor & Xu，2004）、股指（Ebens，1999；Hol，Jungbacker & Koopman，2004；Martens & Zein，2004）等。这些研究者都使用了 ARFI-

MA 模型来刻画时间序列的长期和短期特征，研究表明：基于已实现波动率模型作出的预测一般优于 GARCH 类模型（包括 GARCH、EGARCH 和 FIGARCH）。

但是除 Ebens（1999）外，早期 RV 文献都属于线性模型，难以刻画以下程式化现象：（1）Black（1976），Pagan & Schwert（1990），Engle & Ng（1993）提到的杠杆效应；（2）Longin（1997）报告的现象："在低波动期，冲击（shock）表现出更强的持续性"；（3）Diebold & Inoue（2001）所指出的"偶尔发生的结构突变可能形成长期记忆的假象"。Lamoureux & Lastrapes（1990），Andreou & Ghysels（2002）发现"金融波动率有不规则的水平平移现象"；（4）Baillie & Bollerslev（1989），Harvey & Huang（1991）发现波动率具有"星期效应"，即周一到周五的日波动率并非一成不变，而是呈现出明显的 U 形，最低点在周三。

Martens，Van Dijk & de Pooter（2004）首先利用 RV 模型同时刻画长期相依性、非对称性和结构性突变（structure breaks）现象，然而没有考虑线性检验和超出两个极限状态的情况；Scharth & Medeiros（2006）利用多状态树结构模型描述"已实现波动率"的行为，其中过去累积收益率驱动了状态的转换，但没有考虑到长期记忆性可能由累加效应（aggregation）引起，认为长期相依性是由状态转换引起的；Hillebrand & Medeiros（2006）发展了 Martens，Van Dijk & de Pooter（2004）的模型，在建模中加入了分整过程，同时也考虑了波动率—均值（volatility-in-mean）效应，依据 Van Dijk，Franses & Paap（2002）的思想构建了正式的线性检验方法，然而分整参数的估计非常困难；McAleer & Medeiros（2007）在 Martens，Van Dijk & de Pooter（2004）、Scharth & Medeiros（2006）、Hillebrand & Medeiros（2006）基础上，提出一种能够简单直接估计长期相依性的模型，该模型基于平滑转移方法同时考虑了非对称性和非线性。

由于条件收益率与条件方差之间存在明显的正相关关系，如威廉·夏普（William Sharpe）的 CAPM 模型把期望超额收益率与波动率联系到一起，启发 Engle 等（1987）把条件方差引入条件均值的建模，建立了

ARCH-M 模型、GARCH-M 模型。基于同样的思想，可以把以上任意条件方差模型与条件收益率模型相结合，共同对条件收益率建模。Klüppelberg, Lindner & Maller（2005）更把离散时间 ARCH/GARCH 模型扩展为由列维过程驱动的连续时间 GARCH 过程。

以上是 GARCH 模型结构形式的扩展，模型扩展还体现在对误差项假设的改进上。Engle（1982）使用正态分布作为误差项分布假设，Bollerslev（1987）使用了学生 t 分布，Nelson（1991）使用了广义误差分布（generalized error distribution，GED），这三类分布都属于对称分布。为刻画误差项非对称特征，Liu & Brorsen（1992）使用了稳定分布，Hansen（1994）使用广义学生 t 分布，Wang，Fawson，Barrett & McDonald（2001）使用指数广义贝塔 2 分布（exponential generalized beta 2，EGB 2），Lanne & Saikkonen（2005a）使用了 Barndorff-Nielsen 等（1982）提出的 z 分布，Miettinen（2005）则使用了广义双曲线分布和 z 分布。

1.3 广义双曲线扩散模型研究

设扩散过程 X_t 可表示成如下一般形式随机微分方程：

$$\mathrm{d}X_t = \mu(X_t, \theta)\,\mathrm{d}t + \sigma(X_t, \theta)\,\mathrm{d}W_t \tag{1.1}$$

能否通过设定漂移函数 $\mu(X_t, \theta)$ 和扩散函数 $\sigma(X_t, \theta)$，使 X_t 的边际概率密度服从特定的广义双曲线分布呢？Bibby & Sorensen（1997）最早探讨了双曲线扩散过程的构建问题，Rydberg（1999）和 Bibby，Skovgaard & Sorensen（2005）的探讨在理论上则更为完备。虽然使用的证明方法不同，但 Rydberg（1999）和 Bibby，Skovgaard & Sorensen（2005）的构造方式在本质上相同！Rydberg（1999）以规模测度（scale measure）和速度测度（speed measure）为工具，证明了式（1.1）存在唯一平稳密度函数，并给出平稳密度函数的表达式；Bibby，Skovgaard & Sorensen（2005）尽管使用了另一种证明方法，但它的结论同样可以借助规模测度、速度测度工具得到。关于规模测度和速度测度的详细内容，参见 Karlin & Taylor (1981)。

构建出广义双曲线扩散模型之后，随之而来是参数估计问题。因为实际观测数据以离散形式存在，所以离散可观测扩散过程的参数估计问题引起学者们的特别关注。虽然存在众多的参数估计方法，但对于离散可观测扩散过程，研究最多的是鞅估计函数法。鞅估计函数是估计函数的特殊形式，估计函数的概念最早可追溯到 18 世纪中期。虽然估计函数的概念出现很早，但直至 Durbin（1960）和 Godambe（1960）建立起无偏估计函数和相应优化理论，估计函数法才得以快速发展。与其他“数值法近似似然函数”相比，估计函数法具有形式简洁、计算量小的优势，特别适用于对“实时性”要求较高的问题。

鞅估计函数的渐近性质能够基于鞅极限定理很方便获得，因此它受到研究者的特别青睐。Bibby（1994）最早利用二次鞅估计函数法研究零漂移扩散过程的参数估计问题，随后的重要研究文献有 Bibby & Sorensen (1995)，Bibby & Sorensen(1996)，Sorensen(1997)，Kessler & Sorensen (1999)，Kessler(2000)，Bibby & Sorensen(2001)，Jacobsen(2001a)，Jacobsen(2001b)，Jacobsen(2002) 等。Bibby，Jacobsen & Sorensen (2004) 则基于以上文献对估计函数法（包括鞅估计函数）在离散抽样扩散过程中的应用作了详尽综述。

鞅估计函数法绝非广义双曲线扩散过程参数估计的唯一方法，马尔可夫链蒙特卡罗模拟（MCMC）也可以用于该模型的参数估计问题。Tse，Zhang & Yu（2004）就利用了 MCMC 法估计零漂移双曲线扩散模型，胡素华等（2006a）在 Bibby & Sorensen（1997）的零漂移双曲线扩散过程基础上增加了线性趋势和跳跃过程，并用 MCMC 法进行参数估计；其他关于 MCMC 在金融中应用的文献见 Elerian，Chib & Shephard（2001)，Eraker (2001)，Robert & Stramer（2001)，Johannes & Polson（2003）等。本书基于 MCMC 法的参数估计没有取得预期效果。

1.4 广义双曲线分布和风险管理

由于金融机构“倒闭”的传染性，审慎经营是金融行业第一要务，因此风险管理便有着特殊的意义。据 2004 年 6 月公布的《巴塞尔资本协议Ⅱ》的要求，所有金融机构必须使用定量风险管理技术控制和管理自身风险。目前业内普遍接受的风险度量指标是受险价值（VaR），但在数学性质上 VaR 存在瑕疵：在线性损失函数下，当资产收益率非椭圆分布时，VaR 不满足次可加性。这意味着即使单个经济组织具备真实测度自身风险的能力，它们加总的整体风险依然是未知的，这将为金融监管带来严重问题。根据 Artzner 等（1999）对一致性（coherence）的定义，一致性度量指标满足次可加性。最简单、常用的一致性风险度量是 CVaR，也称期望短缺（ES）。Acerbi & Tasche（2002b）使用期望短缺的概念，Rockafellar & Uryasev（2002）使用 CVaR 的提法，这两篇文章中两者实际是等价概念。Rockafellar & Uryasev（2002）还给出 $CVaR^+$、$CVaR^-$ 的定义，当损失函数为连续函数时，这两个指标和期望短缺、CVaR 都等价通用；但当损失函数为非连续分布时，$CVaR^+$、$CVaR^-$ 和 CVaR、期望短缺指标略有差异。其中，Acerbi & Tasche（2002b）中的 ES、Rockafellar & Uryasev（2002）中的 CVaR 在非连续损失函数条件下仍保持一致性，而 $CVaR^+$、$CVaR^-$ 则不能。更多细节可对比阅读这两篇文章。

除风险度量外，风险管理还包括组合的优化。Rockafellar & Uryasev（2000）最早探讨了基于 CVaR 的资产组合优化问题；Rockafellar & Uryasev（2002）给出基于一般损失分布的 CVaR 优化方法，把 CVaR 的优化问题简化为线性规划或非平滑规划（unsmooth programming）；Andersson 等（2001）基于模拟法对 Rockafellar & Uryasev（2002）中的方法进行了检验，把 CVaR 的优化问题转化成一个线性规划并有效求解；詹原瑞和张建龙（2005）认为当组合规模极大时，基于线性规划的 CVaR 优化存在

"维数障碍"，主张在此情况下利用遗传算法和模拟退火算法对信用组合进行优化。

无论是风险度量还是资产组合优化，都与损失分布假设有密切联系。作为风险度量指标，VaR 计算的是损失分布尾部的分位数，CVaR 则是损失超出 VaR 部分的条件期望，其结果均取决于损失分布假设。损失分布假设还是影响组合优化结果的主要因素，Embrechts，McNeil & Straumann（2002）证明：在资产收益率椭圆形分布假设下，给定资产收益率，无论方差还是其他任何满足平移不变性和正同质性的风险度量指标（如 VaR 和 CVaR）的最小化，都得到相同优化结果；在非椭圆形分布假设下，则有不同的优化结果。

因为广义双曲线分布一般条件下（正态分布属于广义双曲线分布特殊形式）不是椭圆形分布，而且它的分位数、条件均值没有显性解析式。为此本书基于 Daniel（1954，1987）的鞍点近似技术，独立推导出 CVaR 的鞍点近似公式。经实证检验，该公式能够精确稳健地计算损失分布 CVaR 值。

第二章 广义双曲线分布与参数估计

这一章讨论第三类修正贝塞尔函数、广义逆高斯分布的主要性质，应用正态均值—方差混合理论，推导出广义双曲线分布及其极限分布，总结了广义双曲线（GH）分布常用参数表示方法并分析了它们的优缺点；对WenBo Hu（2005）的算法作出重要改进，提高了运算效率，避免了对方程（2.33）解的存在性和唯一性的探讨，同时避免了对该方程的数值求解。

2.1 多元广义双曲线分布及其参数表示

2.1.1 正态均值—方差混合和广义逆高斯分布

GH分布可表示成以广义逆高斯（generalized inverse Gaussian，GIG）分布随机变量为混合变量（mixture variable）的正态均值—方差混合（normal mean-variance mixture）。

定义 2.1 正态均值—方差混合。称随机变量 X 服从多元正态均值—方差混合分布，如果

$$X = \mu + W\gamma + W^{1/2}AZ \tag{2.1}$$

其中，正态分布 $Z\sim N_k(0,\ I_k)$，位置参数 $\mu\in R^d$，漂移参数 $\gamma\in R^d$，结构矩阵（structure matrix）$\Sigma=AA'$ 对称、正定，$A\sim R^{d\times k}$，混合变量 W 是非负一维随机变量且独立于 Z。从定义 2.1 可以看出：$X \mid W\sim N_d(\mu+W\gamma,\ W\Sigma)$。

根据混合分布定义，当混合变量 W 具有有限方差时，X 的均值、协方差公式如下：

$$E(X) = \mu + E(W)\gamma, \mathrm{COV}(X) = E(W)\Sigma + \mathrm{var}(W)\gamma\gamma'$$

在正态均值—方差混合分布的定义中，如果混合变量 W 服从 GIG 分布，则 X 服从广义双曲线分布，而且不同 GIG 分布对应不同 GH 分布。Schmidt（2003）证明：当 $\gamma=0$ 时，广义双曲线分布是椭圆形分布；当 $\gamma\neq0$ 时，不是椭圆形分布。

由于 GIG 分布的概率密度函数需由第三类修正贝塞尔函数[①]（modified Bessel function of the third kind）表示，因此先介绍该函数及其性质。第三类修正贝塞尔函数概率密度函数表示如下：

$$K_\lambda(x) = \frac{1}{2}\int_0^\infty w^{\lambda-1}\exp\left[-\frac{1}{2}x(w+w^{-1})\right]\mathrm{d}w \tag{2.2}$$

第三类修正贝塞尔函数具有以下重要性质[②]：

性质 2.1° 当 $x\to0^+$ 且 $\lambda>0$ 时，$K_\lambda(x)\sim\Gamma(\lambda)2^{\lambda-1}x^{-\lambda}$

性质 2.2° 当 $x\to0^+$ 且 $\lambda<0$ 时，$K_\lambda(x)\sim\Gamma(-\lambda)2^{-\lambda-1}x^{\lambda}$

性质 2.3° 当 $x\to0^+$ 时，$K_0(x)\sim-\ln(x)$

性质 2.4° 当 $x\to+\infty$ 时，$K_\lambda(x)\sim\sqrt{\frac{\pi}{2x}}e^{-x}$

① 也称为第二类修正贝塞尔函数（modified Bessel function of the second kind）。

② 这些性质在计算 GH 分布的极限分布时非常有用。

性质 2.5° $K_{\lambda}(x)=K_{-\lambda}(x), K_{-0.5}(x)=K_{0.5}(x)=\sqrt{\frac{\pi}{2x}}e^{-x}$

性质 2.6° $K_{n+0.5}(x)=\sqrt{\frac{\pi}{2x}}e^{-x}\left[1+\sum_{i=1}^{n}\frac{(n+i)!}{(n-i)!i!}(2x)^{-i}\right], n\in N$

其中，$\Gamma(x)$ 表示伽玛函数。

GIG 分布概率密度函数如下：

$$f_{\mathrm{GIG}}(w)=\left(\frac{\psi}{\chi}\right)^{\lambda/2}\frac{w^{\lambda-1}}{2K_{\lambda}(\sqrt{\chi\psi})}\exp\left[-\frac{1}{2}\left(\frac{\chi}{w}+\psi w\right)\right] \tag{2.3}$$

式（2.3）的参数满足以下关系：

当 $\lambda>0$ 时，$\chi\geqslant0$，$\psi>0$；

当 $\lambda=0$ 时，$\chi>0$，$\psi>0$；

当 $\lambda<0$ 时，$\chi>0$，$\psi\geqslant0$。

GIG 分布满足性质 2.7°—2.9°，Dagpunar（1989）基于该性质构造出 GIG 随机数发生器。

性质 2.7° $X\sim \mathrm{GIG}(\lambda,\chi,\psi)$，则 $X^{-1}\sim \mathrm{GIG}(-\lambda,\chi,\psi)$

性质 2.8° $X\sim \mathrm{GIG}(\lambda,\chi,\psi)$，则 $aX\sim \mathrm{GIG}(\lambda,\chi/a,a\psi), a>0$

性质 2.9° 如果 $a=\sqrt{\chi/\psi}, b=\sqrt{\chi\psi}$，则 $X/a\sim \mathrm{GIG}(\lambda,b,b)$

GIG 随机变量的 n 阶矩（n 为任意整数）和对数矩表示如下：

性质 2.10° $E(X^{n})=\left(\frac{\chi}{\psi}\right)^{n/2}\frac{K_{\lambda+n}(\sqrt{\chi\psi})}{K_{\lambda}(\sqrt{\chi\psi})}, E(\ln X)=\left.\frac{\mathrm{d}E(X^{\alpha})}{\mathrm{d}\alpha}\right|_{\alpha=0}$

2.1.2 GH 分布的主要参数表示方法

定义 2.2 多元 GH 分布。如果混合函数 $W\sim \mathrm{GIG}(\lambda,\chi,\psi)$，给定非奇异矩阵 Σ，则 d 维 GH 分布的联合概率密度函数如下（McNeil，Frey & Embrechts，2005；WenBo Hu，2005）：

$$\begin{aligned}&f_{\mathrm{GH}}(x;\lambda,\chi,\psi,\mu,\Sigma,\gamma)\\&=c\frac{K_{\lambda-d/2}\left(\sqrt{(\chi+(x-\mu)'\Sigma^{-1}(x-\mu))(\psi+\gamma'\Sigma^{-1}\gamma)}\right)e^{(x-\mu)'\Sigma^{-1}\gamma}}{\left(\sqrt{(\chi+(x-\mu)'\Sigma^{-1}(x-\mu))(\psi+\gamma'\Sigma^{-1}\gamma)}\right)^{d/2-\lambda}}\end{aligned} \tag{2.4}$$

其中，$c=\frac{(\sqrt{\chi\psi})^{-\lambda}\psi^{\lambda}(\psi+\gamma'\Sigma^{-1}\gamma)^{d/2-\lambda}}{(2\pi)^{d/2}|\Sigma|^{1/2}K_{\lambda}(\sqrt{\chi\psi})}$，$|\cdot|$代表矩阵的行列式。

当混合函数 W 具有有限方差时，GH 分布的均值和协方差如下：

$$E(X)=\mu+\gamma\left(\frac{\chi}{\psi}\right)^{1/2}\frac{K_{\lambda+1}(\sqrt{\chi\psi})}{K_{\lambda}(\sqrt{\chi\psi})}$$

$$\mathrm{COV}(X)=\left(\frac{\chi}{\psi}\right)^{1/2}\frac{K_{\lambda+1}(\sqrt{\chi\psi})}{K_{\lambda}(\sqrt{\chi\psi})}\Sigma+\gamma\gamma'\left(\frac{\chi}{\psi}\right)\left[\frac{K_{\lambda+2}(\sqrt{\chi\psi})}{K_{\lambda}(\sqrt{\chi\psi})}-\left(\frac{K_{\lambda+1}(\sqrt{\chi\psi})}{K_{\lambda}(\sqrt{\chi\psi})}\right)^2\right]$$

命题 2.1 如果 $X\sim \mathrm{GH}_d(\lambda,\chi,\psi,\mu,\Sigma,\gamma)$，$Y=BX+b$，其中 $B\in R^{k\times d}$，$b\in R^k$，那么：

$$Y\sim \mathrm{GH}_k(\lambda,\chi,\psi,B\mu+b,B\Sigma B',B\gamma) \tag{2.5}$$

证明见 WenBo Hu（2005，p12）。

该命题表明 GH 分布对线性变换保持封闭。

GH 分布有多种参数表示法，为使读者不发生混淆，本书以一维 GH 分布为例，介绍常用参数表示方法，并从线性变换封闭性、极限分布表述的角度对它们的优缺点作分析。

（一）第一种参数表示方法：GH(λ，χ，ψ，μ，σ，γ)

概率密度函数（2.7）是公式（2.4）的一维形式，这种参数表示方法的优点是利用正态均值—方差混合理论直观表达了 GH 分布参数与 GIG 分布参数间的联系；在线性变换下，参数［λ，χ，ψ］保持不变，其他参数保持线性关系，见公式（2.5）。缺点是存在参数冗余，对于任意 $c>0$，有：

$$\mathrm{GH}(\lambda,\chi/c,c\psi,\mu,c\sigma,c\gamma)=\mathrm{GH}(\lambda,\chi,\psi,\mu,\sigma,\gamma) \tag{2.6}$$

令 $\sigma=1$，即可消除参数冗余，概率密度函数如下：

$$
\begin{aligned}
& f_{\mathrm{GH}}(x;\lambda,\chi,\psi,\mu,\gamma) \\
= & \frac{(\sqrt{\chi\psi})^{-\lambda}\psi^{\lambda}(\psi+\gamma^{2})^{0.5-\lambda}}{\sqrt{2\pi}K_{\lambda}(\sqrt{\chi\psi})} \\
& \times\frac{K_{\lambda-0.5}(\sqrt{(\chi+(x-\mu)^{2})(\psi+\gamma^{2})})\exp(\gamma(x-\mu))}{[\sqrt{(\chi+(x-\mu)^{2})(\psi+\gamma^{2})}]^{0.5-\lambda}}
\end{aligned}
\tag{2.7}
$$

参数满足以下约束：

当 $\lambda>0$ 时，$\chi\geqslant 0$，$\psi>0$；

当 $\lambda=0$ 时，$\chi>0$，$\psi>0$；

当 $\lambda<0$ 时，$\chi>0$，$\psi\geqslant 0$。

（二）第二种参数表示方法：GH(λ，α，β，μ，δ)

该参数表示方法在学术文献中得到广泛使用，Blasild（1981）曾利用该参数表示法证明 GH 分布对线性变换封闭。该参数表示法的缺陷是：在线性变换下 α 和 δ 一般不能保持不变性。它的概率密度函数表达如下：

$$
\begin{aligned}
f_{\mathrm{GH}}(x;\lambda,\alpha,\beta,\mu,\delta) = & a(\lambda,\alpha,\beta,\delta)[\delta^{2}+(x-\mu)^{2}]^{(\lambda-0.5)/2} \\
& \times K_{\lambda-0.5}(\alpha\sqrt{\delta^{2}+(x-\mu)^{2}})\exp(\beta(x-\mu))
\end{aligned}
\tag{2.8}
$$

其中，$a(\lambda,\alpha,\beta,\delta)=\dfrac{(\alpha^{2}-\beta^{2})^{\lambda/2}}{\sqrt{2\pi}\alpha^{\lambda-1/2}\delta^{\lambda}K_{\lambda}(\delta\sqrt{\alpha^{2}-\beta^{2}})}$。

GH(λ，χ，ψ，μ，σ，γ) 和 GH(λ，α，β，μ，δ) 参数表达方式之间存在以下关系：

$$
\beta=\gamma,\delta=\sqrt{\chi},\alpha=\sqrt{\psi+\beta^{2}}
$$

参数满足以下约束：

当 $\lambda>0$ 时，$\delta\geqslant 0$，$|\beta|<\alpha$；

当 $\lambda=0$ 时，$\delta>0$，$|\beta|<\alpha$；

当 $\lambda<0$ 时，$\delta>0$，$|\beta|\leqslant\alpha$。

命题 2.2 假设 $X\sim$ GH(λ，α，β，μ，δ)，它的线性变换 $Y=aX+b$ 满足：

$$Y \sim GH(\lambda, \alpha/|a|, \beta/a, a\mu + b, \delta|a|) \tag{2.9}$$

GH(λ, α, β, μ, δ) 参数体系下，双曲线分布（HYP）概率密度函数如下：

$$f_{HYP}(x;\alpha,\beta,\mu,\delta)$$
$$= a(\alpha,\beta,\delta)\sqrt{\frac{\pi}{2\alpha}}\exp\left(\beta(x-\mu)-\alpha\sqrt{\delta^2+(x-\mu)^2}\right)$$

其中，$a(\alpha,\beta,\delta)=\dfrac{(\alpha^2-\beta^2)^{1/2}}{\sqrt{2\pi}\alpha^{1/2}\delta K_1(\delta\sqrt{\alpha^2-\beta^2})}$，$K_1$ 是参数为 1 的第三类修正贝塞尔函数。

正态逆高斯分布（NIG）概率密度函数如下：

$$f_{NIG}(x;\alpha,\beta,\mu,\delta) = a(\alpha,\beta,\delta)[\delta^2+(x-\mu)^2]^{-1/2}$$
$$\times K_1(\alpha\sqrt{\delta^2+(x-\mu)^2})\exp(\beta(x-\mu))$$

其中，$a(\alpha,\beta,\delta)=\dfrac{\alpha\delta}{\pi}\exp(\delta\sqrt{\alpha^2-\beta^2})$，$K_1$ 是参数为 1 的第三类修正贝塞尔函数。

方差伽玛分布（VG）概率密度函数如下：

$$f_{VG}(x;\lambda,\alpha,\beta,\mu) = a(\lambda,\alpha,\beta)[(x-\mu)^2]^{(\lambda-0.5)/2}$$
$$\times K_{\lambda-0.5}(\alpha|x-\mu|)\exp(\beta(x-\mu))$$

其中，$a(\lambda,\alpha,\beta)=\dfrac{(\alpha^2-\beta^2)^{\lambda}}{\sqrt{\pi}(2\alpha)^{\lambda-1/2}\Gamma(\lambda)}$，$K_\lambda$ 是第三类修正贝塞尔函数，$\Gamma(\cdot)$ 表示伽玛函数。

偏 t 分布（skewed t）的概率密度函数如下：

$$f_{\text{skewed } t}(x;\lambda,\beta,\mu,\delta) = a(\lambda,\beta,\delta)[\delta^2+(x-\mu)^2]^{(\lambda-0.5)/2}$$
$$\times K_{\lambda-0.5}(\beta\sqrt{\delta^2+(x-\mu)^2})\exp(\beta(x-\mu))$$

其中，$a(\lambda,\alpha,\beta,\delta)=\dfrac{2}{\sqrt{\pi}(\alpha/2)^{\lambda-0.5}\delta^{2\lambda}\Gamma(-\lambda)}$，$K_\lambda$ 是第三类修正贝塞尔函数，$\Gamma(\cdot)$ 表示伽玛函数。

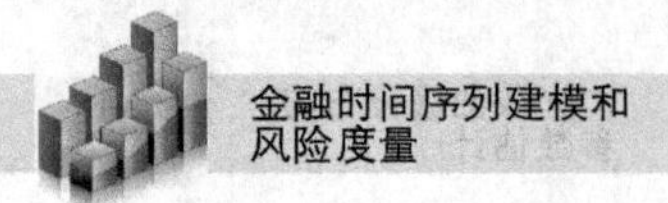

（三）第三种参数表示方法：GH(λ, $\bar{\alpha}$, $\bar{\beta}$, μ, δ)

$$\bar{\alpha}=\alpha\delta,\bar{\beta}=\beta\delta$$

$$\begin{aligned}&f_{\mathrm{GH}}(x;\lambda,\bar{\alpha},\bar{\beta},\mu,\delta)\\&=a(\lambda,\bar{\alpha},\bar{\beta},\delta)\left[1+\left(\frac{x-\mu}{\delta}\right)^2\right]^{(\lambda-1/2)/2}\\&\times K_{\lambda-1/2}\left(\bar{\alpha}\sqrt{1+\left(\frac{x-\mu}{\delta}\right)^2}\right)\exp\left(\bar{\beta}\left(\frac{x-\mu}{\delta}\right)\right)\end{aligned}\tag{2.10}$$

其中，

$$a(\lambda,\bar{\alpha},\bar{\beta},\delta)=\frac{(\bar{\alpha}^2-\bar{\beta}^2)^{\lambda/2}}{\sqrt{2\pi}\bar{\alpha}^{\lambda-1/2}\delta K_\lambda(\sqrt{\bar{\alpha}^2-\bar{\beta}^2})}$$

参数满足以下约束：

当$\lambda>0$时，$\delta\geqslant0$，$|\bar{\beta}|<\bar{\alpha}$；

当$\lambda=0$时，$\delta>0$，$|\bar{\beta}|<\bar{\alpha}$；

当$\lambda<0$时，$\delta>0$，$|\bar{\beta}|\leqslant\bar{\alpha}$。

该参数表示法的优点是：在线性变换下，参数（λ，$\bar{\alpha}$，$\bar{\beta}$）保持不变。

命题 2.3 假设$X\sim$GH(λ, $\bar{\alpha}$, $\bar{\beta}$, μ, δ)，它的线性变换$Y=aX+b$满足：

$$Y\sim\mathrm{GH}(\lambda,\bar{\alpha},\bar{\beta},a\mu+b,\delta\,|a|)$$

（四）第四种参数表示方法：GH(λ, ζ, ρ, μ, δ)

$$\zeta=\delta\sqrt{\alpha^2-\beta^2},\rho=\beta/\alpha\Rightarrow\alpha\delta=\frac{\zeta}{\sqrt{1-\rho^2}},\alpha=\frac{\zeta}{\delta\sqrt{1-\rho^2}},$$

$$\beta=\frac{\zeta\rho}{\delta\sqrt{1-\rho^2}}$$

$$\begin{aligned}&f_{\mathrm{GH}}(x;\lambda,\zeta,\rho,\mu,\delta)\\&=a(\lambda,\zeta,\rho,\delta)\left[1+\left(\frac{x-\mu}{\delta}\right)^2\right]^{(\lambda-0.5)/2}\\&\times K_{\lambda-0.5}\left(\frac{\zeta}{\sqrt{1-\rho^2}}\sqrt{1+\left(\frac{x-\mu}{\delta}\right)^2}\right)\exp\left(\frac{\zeta\rho}{\sqrt{1-\rho^2}}\left(\frac{x-\mu}{\delta}\right)\right)\end{aligned}\tag{2.11}$$

其中，

$$a(\lambda,\xi,\zeta,\delta)=\frac{\zeta^{\lambda}}{\sqrt{2\pi}\left(\frac{\zeta}{\sqrt{1-\rho^2}}\right)^{\lambda-1/2}\delta K_{\lambda}(\zeta)}$$

参数满足以下约束：

当 $\lambda>0$ 时，$\delta\geqslant0$，$\zeta\geqslant0$，$|\rho|<1$；

当 $\lambda=0$ 时，$\delta>0$，$\zeta>0$，$|\rho|<1$；

当 $\lambda<0$ 时，$\delta>0$，$\zeta\geqslant0$，$|\rho|\leqslant1$。

这种参数表示方法的好处是：在线性变换下，参数（λ，ζ，ρ）保持不变。

命题 2.4 假设 $X\sim \mathrm{GH}(\lambda,\ \zeta,\ \rho,\ \mu,\ \delta)$，它的线性变换 $Y=aX+b$ 满足：

$$Y\sim \mathrm{GH}(\lambda,\zeta,\rho,a\mu+b,\delta\,|a|)$$

（五）第五种参数表示方法：$\mathrm{GH}(\lambda,\ \xi,\ \chi,\ \mu,\ \delta)$

$$\xi=(1+\zeta)^{-1/2},\chi=\xi\rho\Rightarrow\frac{\xi\rho}{\sqrt{1-\rho^2}}=\frac{\chi\xi}{\sqrt{\xi^2-\chi^2}},\frac{\zeta}{\sqrt{1-\rho^2}}$$

$$=\frac{\xi^{-1}-\xi}{\sqrt{\xi^2-\chi^2}}$$

$$\begin{aligned}&f_{\mathrm{GH}}(x;\lambda,\xi,\chi,\mu,\delta)\\&=a(\lambda,\xi,\chi,\delta)\left[1+\left(\frac{x-\mu}{\delta}\right)^2\right]^{(\lambda-0.5)/2}\\&\quad\times K_{\lambda-0.5}\left(\frac{\xi^{-1}-\xi}{\sqrt{\xi^2-\chi^2}}\sqrt{1+\left(\frac{x-\mu}{\delta}\right)^2}\right)\exp\left(\frac{\chi\xi}{\sqrt{\xi^2-\chi^2}}\left(\frac{x-\mu}{\delta}\right)\right)\end{aligned}\quad(2.12)$$

其中，

$$a(\lambda,\xi,\chi,\delta)=\frac{\sqrt{1-\xi^2}\left(\sqrt{\xi^2-\chi^2}\right)^{\lambda-1/2}}{\sqrt{2\pi}\delta\xi^{\lambda+1/2}K_{\lambda}(\xi^{-2}-1)}$$

参数满足以下约束：

当$\lambda>0$时，$\delta\geqslant0$，$\xi\leqslant1$，$|\chi|<\xi$；

当$\lambda=0$时，$\delta>0$，$\xi<1$，$|\chi|<\xi$；

当$\lambda<0$时，$\delta>0$，$\xi\leqslant1$，$|\chi|\leqslant\xi$。

该参数表示法的优点是：在线性变换下，（λ，ξ，χ）保持不变。在ξ—χ坐标体系下，该参数表示法可把GH分布的各种极限分布，纳入一个三角形分析框架（见2.2.2节）。

命题2.5 假设$X\sim GH(\lambda,\ \xi,\ \chi,\ \mu,\ \delta)$，它的线性变换$Y=aX+b$满足：

$$Y\sim X\sim GH(\lambda,\xi,\chi,a\mu+b,\delta\,|a|)$$

2.2 广义双曲线的子分布和极限分布

公式（2.4）的参数化方法称为（λ，χ，ψ，μ，Σ，γ）法，易证该参数表示法存在参数冗余（WenBo Hu，2005）。即对于任意$c>0$，有：

$$GH(\lambda,\chi/c,c\psi,\mu,c\Sigma,c\gamma)=GH(\lambda,\chi,\psi,\mu,\Sigma,\gamma)$$

WenBo Hu（2005）的χ算法和ψ算法利用了以上性质。为消除参数冗余，可令$|\Sigma|=1$，以下VG分布和偏t分布即是消除参数冗余后的一维表达式。

2.2.1 广义双曲线常用子分布和极限分布

（一）双曲线分布

当$\lambda=1$时，多元广义双曲线分布的单变量边际分布是一维双曲线分布。

当$\lambda=(d+1)/2$时，GH分布是d维双曲线分布，但它的边际分布不再是双曲线分布了。

（二）正态逆高斯分布

当$\lambda=-0.5$时，GIG 分布称为逆高斯分布，对应的 GH 分布是正态逆高斯分布。与其他 GH 分布相比，NIG 分布对卷积（convolution）运算封闭（Barndorff-Nielsen，1995），即两个独立 NIG 随机变量的和依然服从 NIG 分布。特别的，如果 $X_1 \sim \mathrm{NIG}(\alpha,\beta,\mu_1,\delta_1)$，$X_2 \sim \mathrm{NIG}(\alpha,\beta,\mu_2,\delta_2)$，则 $X = X_1 + X_2 \sim \mathrm{NIG}(\alpha,\beta,\mu_1+\mu_2,\delta_1+\delta_1)$。该性质使得 NIG 列维过程增量的概率密度函数非常易于计算。

（三）方差伽玛分布

利用第三类修正贝塞尔函数性质 2.1°和 2.2°，在$\lambda>0$，$\chi=0$时，GIG 分布变为伽玛分布，伽玛分布 Gamma（α，β）概率密度函数如下：

$$f_{\mathrm{Gamma}}(x)=\frac{\beta^{\alpha}}{\Gamma(\alpha)}x^{\alpha-1}\exp(-\beta x)$$

GIG 随机变量 X_1，当$\lambda>0$，$\chi=0$时，$X_1 \sim \mathrm{Gamma}(\lambda,\psi/2)$，GH 分布变为 VG 分布，其概率密度函数为：

$$f_{\mathrm{VG}}(x;\lambda,0,\psi,\mu,\gamma)$$

$$=\frac{(\psi)^{\lambda}e^{(\gamma(x-\mu))}}{\sqrt{\pi}2^{\lambda-0.5}\Gamma(\lambda)}\left(\frac{|x-\mu|}{\sqrt{\psi+\gamma^2}}\right)^{\lambda-0.5}K_{\lambda-0.5}(\sqrt{\psi+\gamma^2}\,|x-\mu|) \tag{2.13}$$

（四）偏 t 分布

当$\lambda<0$，$\psi=0$时，GIG 变为逆伽玛分布，逆伽玛分布 IG（α，β）概率密度函数如下：

$$f_{\mathrm{IG}}(x)=\frac{\beta^{\alpha}}{\Gamma(\alpha)}x^{-\alpha-1}\exp\left(-\frac{\beta}{x}\right)$$

伽玛分布和逆伽玛分布具有以下关系：如果 $X_1 \sim \mathrm{Gamma}(\alpha,\beta)$，则 $X_1^{-1} \sim \mathrm{IG}(\alpha,1/\beta)$。

GIG 随机变量 X_1，在$\lambda<0$，$\psi=0$时，$X_1 \sim \mathrm{IG}(-\lambda,\chi/2)$。如果令$\lambda=-v/2$，$\chi=v$，则逆伽玛分布对应的 GH 分布是偏 t 分布，v 代表自由度。偏 t 分布概率密度函数如下：

$$
\begin{aligned}
& f(x;-v/2,v,0,\mu,\gamma) \\
&= \frac{2^{-v/2+1}\,|\,\gamma\,|^{v/2+0.5}}{\sqrt{2\pi}v^{\lambda}\Gamma(v/2)} \\
&\times \frac{K_{v/2+0.5}\left(|\,\gamma\,|\sqrt{v+(x-\mu)^2}\right)\exp(\gamma(x-\mu))}{\left[\sqrt{v+(x-\mu)^2}\right]^{(v/2+0.5)}} \qquad (2.14)
\end{aligned}
$$

当 $\gamma=0$ 时，偏 t 分布为对称 t 分布。

偏 t 分布随机变量 X 的均值和协方差如下：

$$
E(X)=\mu+\gamma\frac{v}{v-2},\mathrm{COV}(X)=\frac{v}{v-2}+\gamma^2\frac{2v^2}{(v-2)^2(v-4)}
$$

2.2.2 其他子分布和极限分布

在参数表示法（λ，ξ，χ，μ，δ）下，Eberlein & Keller（1995），Eberlein & August（2002）把 GH 分布的极限分布用三角形来直观表示（图 2—1）。基于第三类修正贝塞尔函数性质 2.1°～2.5°可得到 GH 极限分布的概率密度函数。通过以下分析，将会发现广义双曲线分布的子类和极限分布极其丰富。

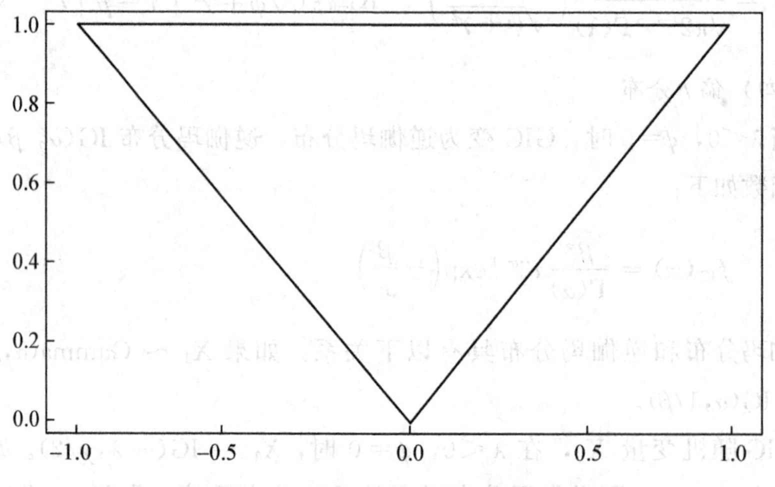

图 2—1 χ（横坐标）—ξ（纵坐标）三角形

（一）三角形的上边界

图 2—1 的三角形中，上边界表示 $\xi=1$，$0\leqslant|\chi|\leqslant 1$。利用不同参数表示法之间的关系，转换成 GH($\lambda$，$\alpha$，$\beta$，$\mu$，$\delta$) 表示法，$\xi=1$ 相当于 $\delta\to 0$ 或 $|\beta|\to\alpha$。根据 λ，α，β 和 δ 四参数之间的约束关系可知：当 $\lambda>0$ 时，$|\beta|\to\alpha$ 无定义。根据性质 2.1°，当 $\lambda>0$，$\delta\to 0$ 时：

$$\frac{1}{\delta^{\lambda}K_{\lambda}(\delta\sqrt{\alpha^2-\beta^2})}\sim\frac{(\alpha^2-\beta^2)^{\lambda/2}}{2^{\lambda-1}\Gamma(\lambda)}$$

$$\sqrt{\delta^2+(x-\mu)^2}\to|x-\mu|$$

以上两式代入公式 (2.8)，对于 $x-\mu\neq 0$（如果 $\lambda>0.5$，$x-\mu=0$ 也收敛），极限分布概率密度函数是方差伽玛分布：

$$\begin{aligned}&\lim_{\delta\to 0}f_{\mathrm{GH}}(x;\lambda,\alpha,\beta,\mu,\delta)\\&=\frac{(\alpha^2-\beta^2)^{\lambda}}{\sqrt{\pi}2^{\lambda-0.5}\Gamma(\lambda)}\left(\frac{|x-\mu|}{\alpha}\right)^{\lambda-0.5}e^{\beta(x-\mu)}K_{\lambda-0.5}(\alpha|x-\mu|)\end{aligned}$$

当 $\lambda=1$ 时，方差伽玛分布变为有偏拉普拉斯分布（skewed Laplace distribution）。其概率密度如下：

$$f_{\mathrm{GH}}(x;1,\alpha,\beta,\mu,0)=\frac{\alpha^2-\beta^2}{2\alpha}e^{\beta(x-\mu)-\alpha|x-\mu|}$$

当 $\lambda=0$ 时，$\delta\to 0$，$|\beta|\to\alpha$ 均无定义。

当 $\lambda<0$ 时，$\delta\to 0$ 无定义。

当 $|\beta|\to\alpha>0$ 时，$\rho=\beta/\alpha=\pm 1$，$\chi=\xi\rho=\pm 1$，对应三角形左上、右上两个顶点。极限分布是：

$$\begin{aligned}\lim_{|\beta|\to\alpha>0}f_{\mathrm{GH}}(x;\lambda,\alpha,\beta,\mu,\delta)&=\frac{\sqrt{2}e^{\pm\alpha(x-\mu)}}{\sqrt{\pi}\alpha^{\lambda-0.5}}\frac{(\delta^2+(x-\mu)^2)^{(\lambda-0.5)/2}}{\delta^{2\lambda}2^{-\lambda}\Gamma(-\lambda)}\\&\quad\times K_{\lambda-0.5}(\alpha\sqrt{\delta^2+(x-\mu)^2})\end{aligned}\tag{2.15}$$

为获得 $\xi=1$，$-\xi<\chi<\xi$，即 $\rho\in(-1,1)$（左上、右上两个顶点之间线段）时的极限分布，令 $\rho\in(-1,1)$，$\alpha\to 0$，$\beta=\rho\alpha$，得到如下概率密度

函数：

$$\begin{aligned}&\lim_{\alpha\to 0} f_{\mathrm{GH}}(x;\lambda,\alpha,\rho\alpha,\mu,\delta)\\&=\frac{\Gamma(-\lambda+0.5)}{\sqrt{\pi}\delta^{2\lambda}\Gamma(-\lambda)}(\delta^2+(x-\mu)^2)^{\lambda-0.5}\end{aligned}\tag{2.16}$$

公式（2.16）是公式（2.15）$\alpha\to 0$ 时的极限。

当 $\lambda=-0.5$ 时，公式（2.16）成为柯西分布（$\Gamma(0.5)=\sqrt{\pi},\Gamma(1)=1$）：

$$f_{\mathrm{GH}}(x;-0.5,0,0,\mu,\delta)=\frac{\delta}{\pi(\delta^2+(x-\mu)^2)}$$

令 $\delta^2=-2\lambda:=v>0$，v 是自由度，公式（2.16）就成为偏 t 分布。

（二）三角形的左右边界

左边界：$\chi=-\xi$，$0<\xi\leqslant 1$；

右边界：$\chi=\xi$，$0<\xi\leqslant 1$。

$|\chi|=\xi$ 意味着 $|\rho|=1$，这有两种情况：

第一，$|\beta|=\alpha$，该条件下极限分布的概率密度函数是公式（2.15）；

第二，$|\beta|<\alpha$，$\alpha\to\infty$，且 $\alpha-|\beta|$ 趋于 $\frac{\psi}{2}>0$。

右边界的极限分布：

假设 $\alpha\to\infty$，$\beta=\alpha-\frac{\psi}{2}$，$\delta\to 0$，$\alpha\delta^2\to\tau$，得到概率密度函数如下（推导见 Eberlein & Hammerstein，2002，p. 8—9）：

$$f_{\mathrm{GH}}(x;\lambda,\alpha,\beta,\mu,\delta)=\left(\frac{\psi}{\tau}\right)^{\lambda/2}\frac{|x-\mu|^{\lambda-1}}{2K_\lambda(\sqrt{\tau\psi})}e^{\beta(x-\mu)-\alpha\sqrt{\delta^2+(x-\mu)^2}}\tag{2.17}$$

可证：

$$\begin{aligned}&e^{\beta(x-\mu)-\alpha\sqrt{\delta^2+(x-\mu)^2}}\\&=e^{(\alpha-\frac{\psi}{2})(x-\mu)-\alpha\sqrt{\delta^2+(x-\mu)^2}}\to\begin{cases}e^{-\frac{1}{2}[\tau(x-\mu)^{-1}+\psi(x-\mu)]}, & x-\mu>0\\0, & x-\mu<0\end{cases}\end{aligned}\tag{2.18}$$

证明：

根据泰勒展开式：

$$\sqrt{1+x^2}=1+\frac{1}{2}x^2+o(x^2),x\to 0$$

有下式成立：

$$\sqrt{\delta^2+(x-\mu)^2}$$
$$=|x-\mu|\sqrt{1+\left(\frac{\delta}{x-\mu}\right)^2}\sim|x-\mu|\left[1+\frac{1}{2}\left(\frac{\delta}{x-\mu}\right)^2+o(\delta^2)\right] \tag{2.19}$$

公式（2.19）代入公式（2.17），得公式（2.18）。

证毕。

可见，在$\alpha\to\infty$，$\beta=\alpha-\dfrac{\psi}{2}$，$\delta\to 0$，$\alpha\delta^2\to\tau$假设下，极限分布是广义逆高斯分布 GIG($x-\mu$；$\lambda$，$\tau$，$\psi$)，其中$x-\mu>0$。

左边界的极限分布：

左边界极限分布推导方法与右边界类似。设$\alpha\to\infty$，$\beta=-\alpha+\dfrac{\psi}{2}$，$\delta\to 0$，$\alpha\delta^2\to\tau$，极限分布是 GIG($\mu-x$；$\lambda$，$\tau$，$\psi$)。

$\lambda>0$时，$\tau\to 0$推出$\xi\to 1$，右顶点的极限分布之一是伽玛分布，概率密度函数为：

$$\lim_{\tau\to 0}f_{\mathrm{GIG}}(x;\lambda,\tau,\psi)=\left(\frac{\psi}{2}\right)^{\lambda}\frac{x^{\lambda-1}}{\Gamma(\lambda)}e^{-\psi x/2},x>0$$

$\lambda=0$时，GIG 分布无极限分布；

$\lambda<0$时，$\psi\to 0$推出$\xi\to 1$，右顶点的极限分布之一是逆伽玛分布，概率密度函数为：

$$\lim_{\psi\to 0}f_{\mathrm{GIG}}(x;\lambda,\tau,\psi)=\left(\frac{2}{\tau}\right)^{\lambda}\frac{x^{\lambda-1}}{\Gamma(-\lambda)}\exp(-\tau(2x)^{-1}),x>0$$

左顶点极限分布推导与右顶点类似（略）。

（三）三角形的下顶点

$\xi=0$，$\chi=0 \Rightarrow \zeta\to\infty \Rightarrow \delta\to\infty$ 或 $\alpha\to\infty$。但只有当 $\alpha\to\infty$，$\delta\to\infty$ 且 $\frac{\delta}{\alpha}\to\sigma^2$ 时（$\sigma^2>0$），极限分布是正态分布。利用性质 2.4°计算公式（2.8）的极限分布，得到概率密度函数如下（Eberlein & Hammerstein，2002，p. 10）：

$$f_{GH}(\lambda,\alpha,\beta,\mu,\delta)=\frac{1}{\sqrt{2\pi}\sigma}\exp\left\{-\frac{1}{2\sigma^2}[x-(\mu+\beta\sigma^2)]^2\right\}$$

2.3 参数估计——EM 算法

2.3.1 GH 分布的似然函数和扩张数据

极大似然估计（MLE）是最常使用的参数估计方法，但对于结构复杂的似然函数（如 GH 分布），其似然函数的极大化非常困难。利用构造出的“扩张数据”（augmented data），能有效解决这一难题。“扩张数据”也称“完全数据”（complete data），相应的似然函数称为“完全数据”似然函数；实际可获得数据，称为“不完全数据”（incomplete data），相应似然函数称为“不完全数据”似然函数。“完全数据”是从“不完全数据”扩张出来的，通过扩张增加出的数据称为“缺失数据”（missing data）。注意：“缺失数据”并非真正意义上的数据“缺失”，而是为简化 MLE 而“构造”出来的工具。①

假设有独立同分布随机数 x_1，x_2，…，x_n，其中 $x_i\in R^d$，设多元 GH 分布的待估参数为 $\zeta=(\lambda,\chi,\psi,\mu,\Sigma,\gamma)$。对数似然函数表达式如下：

$$\log L(\zeta;x_1,x_2,\cdots,x_n)=\sum_{i=1}^{n}\log f_{X_i}(x_i;\zeta) \tag{2.20}$$

① 经验显示：当对数似然函数的维数超过 3 时便难以通过直接最大化来估计参数。

构造服从 GIG(λ, χ, ψ) 分布的隐含变量 w_1, w_2, …, w_n （“缺失数据”），然后优化“扩展后的对数似然函数”：

$$\log\tilde{L}(\zeta;x_1,x_2,\cdots,x_n,w_1,w_2,\cdots,w_n)=\sum_{i=1}^{n}\log f_{X_i,W_i}(x_i,w_i;\zeta)$$

根据均值—方差混合分布定义，GH 分布对数似然函数表达为如下形式：

$$\begin{aligned}&\log\tilde{L}(\zeta;x_1,x_2,\cdots,x_n,w_1,w_2,\cdots,w_n)\\&=\sum_{i=1}^{n}\log f_{X_i|W_i}(x_i\mid w_i;\mu,\Sigma,\gamma)+\sum_{i=1}^{n}\log h_{W_i}(w_i;\lambda,\chi,\psi)\\&=L_1(\mu,\Sigma,\gamma;x_1,x_2,\cdots,x_n\mid w_1,w_2,\cdots,w_n)\\&\quad+L_2(\lambda,\chi,\psi;w_1,w_2,\cdots,w_n)\end{aligned}\tag{2.21}$$

其中，$X\mid W\sim N(\mu+w\gamma,\ w\Sigma)$，$f_{X|W}(x\mid w)$ 是条件正态分布的概率密度函数，$h(w)$ 是服从 GIG 分布的混合变量的概率密度函数。$f_{X|W}(x\mid w)$ 概率密度函数如下：

$$f_{X|W}(x\mid w)=\frac{1}{(2\pi)^{d/2}\ |\Sigma|^{1/2}w^{d/2}}e^{(x-\mu)'\Sigma^{-1}\gamma}e^{\frac{-\rho}{2w}}e^{-\frac{w}{2}\gamma'\Sigma^{-1}\gamma}$$

其中，$\rho=(x-\mu)'\Sigma^{-1}(x-\mu)$。

L_1 和 L_2 的对数似然函数分别为公式（2.22）和公式（2.23）：

$$\begin{aligned}&L_1(\mu,\Sigma,\gamma;x_1,x_2,\cdots,x_n\mid w_1,w_2,\cdots,w_n)\\&=-\frac{n}{2}\log(|\Sigma|)-\frac{d}{2}\sum_{i=1}^{n}\log(w_i)+\sum_{i=1}^{n}(x_i-\mu)'\Sigma^{-1}\gamma\\&\quad-\frac{1}{2}\sum_{i=1}^{n}\frac{1}{w_i}\rho_i-\frac{1}{2}\gamma'\Sigma^{-1}\gamma\sum_{i=1}^{n}w_i\end{aligned}\tag{2.22}$$

$$\begin{aligned}L_2(\lambda,\chi,\psi;w_1,w_2,\cdots,w_n)&=(\lambda-1)\sum_{i=1}^{n}\ln(w_i)-\frac{\chi}{2}\sum_{i=1}^{n}w_i^{-1}\\&\quad-\frac{\psi}{2}\sum_{i=1}^{n}w_i-\frac{n\lambda}{2}\ln(\chi)+\frac{n\lambda}{2}\ln(\psi)\\&\quad-n\ln(2K_\lambda(\sqrt{\chi\psi}))\end{aligned}\tag{2.23}$$

如果隐含变量 w_1，w_2，…，w_n 可观测，最大化 L_1，即可获得（Σ，μ，γ）的估计量：

$$\frac{\partial L_1}{\partial \mu}=0,\frac{\partial L_1}{\partial \gamma}=0,\frac{\partial L_1}{\partial \Sigma}=0$$

求解以上三个等式，得到：

$$\gamma=\frac{n^{-1}\sum_{i=1}^{n}w_i^{-1}(\bar{x}-x_i)}{n^{-2}\left(\sum_{i=1}^{n}w_i\right)\left(\sum_{i=1}^{n}w_i^{-1}\right)-1} \tag{2.24}$$

$$\mu=\frac{n^{-1}\sum_{i=1}^{n}w_i^{-1}x_i-\gamma}{n^{-1}\sum_{i=1}^{n}w_i^{-1}} \tag{2.25}$$

$$\Sigma=n^{-1}\sum_{i=1}^{n}w_i^{-1}(x_i-\mu)(x_i-\mu)'-n^{-1}\sum_{i=1}^{n}w_i\gamma\gamma' \tag{2.26}$$

然而 w_1，w_2，…，w_n 是未知数据，因此需要先解决 w_1，w_2，…，w_n 的抽样问题。根据贝叶斯公式，有：

$$f_{W|X}(w\mid x;\zeta)=\frac{f(x\mid w;\zeta)h(w;\zeta)}{f(x;\zeta)}$$

利用代数运算，可推出以下结论（WenBo Hu，2005，p. 31）：

$$W_i\mid X_i\sim \mathrm{GIG}\left(\lambda-\frac{d}{2},\rho_i+\chi,\psi+\gamma'\Sigma^{-1}\gamma\right) \tag{2.27}$$

令：

$$\eta_i^{[\cdot]}=E(W_i\mid x_i;\zeta^{[\cdot]}),\delta_i^{[\cdot]}=E(W_i^{-1}\mid x_i;\zeta^{[\cdot]}),$$
$$\varepsilon_i^{[\cdot]}=E(\ln W_i\mid x_i;\zeta^{[\cdot]})$$

$$\bar{\eta}=\frac{1}{n}\sum_{i=1}^{n}\eta_i,\bar{\delta}=\frac{1}{n}\sum_{i=1}^{n}\delta_i,\bar{\varepsilon}=\frac{1}{n}\sum_{i=1}^{n}\varepsilon_i$$

利用 GIG 分布的性质 2.10°，可得 $\eta_i^{[\cdot]}$，$\delta_i^{[\cdot]}$ 和 $\varepsilon_i^{[\cdot]}$ 的解析式如下：

$$\eta_i^{[k]}=\left(\frac{\rho_i^{[k]}+\chi^{[k]}}{\psi^{[k]}+(\gamma^{[k]})'(\Sigma^{[k]})^{-1}\gamma^{[k]}}\right)^{0.5}\times\frac{K_{\lambda-d/2+1}\left(\sqrt{(\rho_i^{[k]}+\chi^{[k]})(\psi^{[k]}+(\gamma^{[k]})'(\Sigma^{[k]})^{-1}\gamma^{[k]})}\right)}{K_{\lambda-d/2}\left(\sqrt{(\rho_i^{[k]}+\chi^{[k]})(\psi^{[k]}+(\gamma^{[k]})'(\Sigma^{[k]})^{-1}\gamma^{[k]})}\right)}$$

$$\delta_i^{[k]}=\left(\frac{\rho_i^{[k]}+\chi^{[k]}}{\psi^{[k]}+(\gamma^{[k]})'(\Sigma^{[k]})^{-1}\gamma^{[k]}}\right)^{-0.5}\times\frac{K_{\lambda-d/2-1}\left(\sqrt{(\rho_i^{[k]}+\chi^{[k]})(\psi^{[k]}+(\gamma^{[k]})'(\Sigma^{[k]})^{-1}\gamma^{[k]})}\right)}{K_{\lambda-d/2}\left(\sqrt{(\rho_i^{[k]}+\chi^{[k]})(\psi^{[k]}+(\gamma^{[k]})'(\Sigma^{[k]})^{-1}\gamma^{[k]})}\right)}$$

$$\varepsilon_i^{[k]}=\frac{1}{2}\ln\left(\frac{\rho_i^{[k]}+\chi^{[k]}}{\psi^{[k]}+(\gamma^{[k]})'(\Sigma^{[k]})^{-1}\gamma^{[k]}}\right)+\frac{\left.\frac{\partial K_{\lambda-d/2+\alpha}\left(\sqrt{(\rho_i^{[k]}+\chi^{[k]})(\psi^{[k]}+(\gamma^{[k]})'(\Sigma^{[k]})^{-1}\gamma^{[k]})}\right)}{\partial\alpha}\right|_{\alpha=0}}{K_{\lambda-d/2}\left(\sqrt{(\rho_i^{[k]}+\chi^{[k]})(\psi^{[k]}+(\gamma^{[k]})'(\Sigma^{[k]})^{-1}\gamma^{[k]})}\right)}$$

对于方差伽玛分布：$W_i\mid X_i\sim\mathrm{GIG}\left(\lambda-\frac{d}{2},\ \rho_i,\ \psi+\gamma'\Sigma^{-1}\gamma\right)$。

对于多元偏 t 分布：$W_i\mid X_i\sim\mathrm{GIG}\left(-\frac{d+v}{2},\ \rho_i+v,\ \gamma'\Sigma^{-1}\gamma\right)$。

对于多元 t 分布，即 $\gamma=0$ 时的偏 t 分布：$W_i\mid X_i\sim\mathrm{IG}\left(\frac{d+v}{2},\ \frac{\rho_i+v}{2}\right)$。

在以上三种极限分布下，$\eta_i^{[\cdot]}$，$\delta_i^{[\cdot]}$，$\varepsilon_i^{[\cdot]}$ 的表达式可根据性质 2.10° 类推。

2.3.2 EM 算法估计 GH 分布参数

EM 算法是解决“不完全数据”极大似然估计问题的通用迭代算法，每一次迭代分为两步：计算条件期望（expectation step，E-Step）和极大化目标函数（maximization step，M-Step）两个步骤。

E-Step：给定样本值 x_1，x_2，…，x_n 和参数估计值计算“扩展对数似然函数”的条件期望。设在第 k 步，计算以下条件期望，得到新的目标函数：

$$Q(\zeta;\zeta^{[k]})=E(\ln\widetilde{L}(\zeta\mid x_1,x_2,\cdots,x_n,W_1,W_2,\cdots,W_n)\mid x_1,x_2,\cdots,x_n;\zeta^{[k]}) \tag{2.28}$$

M-Step：最大化目标函数（2.28），得到更新后的期望 $\zeta^{[k+1]}$。从公式（2.22）和（2.23）可以看出，这相当于利用条件期望 $E(W_i\mid x_i;\ \zeta^{[k]})$，$E(W_i^{-1}\mid x_i;\ \zeta^{[k]})$，$E(\ln W_i\mid x_i;\ \zeta^{[k]})$ 更新"扩展似然函数"中的 w_i，w_i^{-1} 和 $\ln(w_i)$。当已知 w_i，w_i^{-1} 和 $\ln(w_i)$ 时，$Q(\zeta;\ \zeta^{[k]})$ 就可按照公式（2.29）～（2.31）以及公式（2.38）最大化。而得到 $\eta_i^{[\cdot]}$，$\delta_i^{[\cdot]}$ 和 $\epsilon_i^{[\cdot]}$ 的解析式后就已经解决了 w_i，w_i^{-1} 和 $\ln(w_i)$ 的抽样问题，把它们代入公式（2.24）～（2.26），得到：

$$\gamma^{[k+1]}=\frac{n^{-1}\sum_{i=1}^{n}\delta_i^{[k]}(\bar{x}-x_i)}{\bar{\delta}^{[k]}\bar{\eta}^{[k]}-1} \tag{2.29}$$

$$\mu^{[k]}=\frac{n^{-1}\sum_{i=1}^{n}\delta_i^{[k]}x_i-\gamma^{[k+1]}}{\bar{\delta}^{[k]}} \tag{2.30}$$

$$\Sigma=n^{-1}\sum_{i=1}^{n}\delta_i^{[k]}(x_i-\mu^{[k+1]})(x_i-\mu^{[k+1]})'-\bar{\eta}^{[k]}\gamma^{[k+1]}(\gamma^{[k+1]})' \tag{2.31}$$

假设 λ 是已知常数，最大化 L_2 可获得（χ，ψ）的估计量。

$$\frac{\partial L_2}{\partial\chi}=0,\frac{\partial L_2}{\partial\psi}=0 \tag{2.32}$$

通过求解公式（2.32），即可得到 χ 和 ψ 的估计量。在 WenBo Hu（2005）中，采用以下方法求解。

WenBo Hu（2005）的解法

令 $\theta=\sqrt{\chi\psi}$，通过以下方程求解 θ：

$$n^{-2}\sum_{i=1}^{n}w_i\sum_{j=1}^{n}w_j^{-1}K_\lambda^2(\theta)\theta+2\lambda K_{\lambda+1}(\theta)K_\lambda(\theta)-\theta K_{\lambda+1}^2(\theta)=0 \tag{2.33}$$ ①

① 原文此处疑有笔误，这里是经本人修正后的公式。

解方程（2.33）得到θ值，求解公式（2.32）即可得（χ，ψ）如下：

$$\chi=\frac{n^{-1}\theta\sum_{i=1}^{n}w_iK_\lambda(\theta)}{K_{\lambda+1}(\theta)},\psi=\frac{\theta^2}{\chi}$$

但求解公式（2.33）往往遇到实际困难，因为方程中包含第三类修正贝塞尔函数，除了计算上的低效率外，方程解的存在性和唯一性也无法保证。这一点在实证研究中得到证实：有时无法得到θ有意义的数值解。为此本书设计出一种新的（χ，ψ）求解方法。

本书给出的新解法

求解公式（2.32）需要利用第三类修正贝塞尔函数导数性质，Abramowitz & Stegun（1968），Barndorff-Nielsen & Blasild（1981）给出以下公式：

$$[\ln K_\lambda(x)]'=\frac{\lambda}{x}-\frac{K_{\lambda+1}(x)}{K_\lambda(x)} \tag{2.34}$$

$$[\ln K_\lambda(x)]'=-\frac{\lambda}{x}-\frac{K_{\lambda-1}(x)}{K_\lambda(x)} \tag{2.35}$$

利用以上两个公式可得到如下结果：

$$\frac{K_{\lambda+1}(x)}{K_\lambda(x)}=\frac{2\lambda}{x}+\frac{K_{\lambda-1}(x)}{K_\lambda(x)}$$

设$\frac{\partial L_2}{\partial\chi}=0$，得到：

$$\frac{\partial L_2}{\partial\chi}=-\bar{\delta}-\frac{2\lambda}{\chi}+\sqrt{\frac{\psi}{\chi}}\frac{K_{\lambda+1}(\sqrt{\chi\psi})}{K_\lambda(\sqrt{\chi\psi})}=0 \tag{2.36}$$

设$\frac{\partial L_2}{\partial\psi}=0$，得到：

$$\frac{\partial L_2}{\partial\psi}=-\bar{\eta}+\sqrt{\frac{\chi}{\psi}}\frac{K_{\lambda+1}(\sqrt{\chi\psi})}{K_\lambda(\sqrt{\chi\psi})}=0 \tag{2.37}$$

根据公式（2.36）、（2.37），得到 χ 和 ψ 以下线性关系：

$$\chi=\frac{\bar{\eta}}{\delta}\psi-\frac{2\lambda}{\bar{\delta}} \quad \text{或} \quad \psi=\frac{\bar{\delta}}{\eta}\chi+\frac{2\lambda}{\bar{\eta}} \tag{2.38}$$

在 $\lambda \geqslant 0$ 时，我们设 χ 为常数；在 $\lambda < 0$ 时，我们设 ψ 为常数。这种设置方法由 WenBo Hu（2005）提出，称之为 χ 算法或 ψ 算法，其实质是利用（λ，χ，ψ，μ，Σ，γ）表达式下的参数冗余性质，以求解 Σ 为代价换取 χ 或 ψ 的自由。本书同样使用这一性质，但避免了 WenBo Hu（2005）中利用数值算法求解公式（2.33）的麻烦，降低了计算量，目前未曾在其他文献见到类似优化方法。

2.4 实证研究

拟合数据应具有独立同分布特征，但实际金融数据常表现出序列相关性。因此首先需要对原始数据作自相关检验，如呈现序列相关性则对原始数据进行过滤，使过滤后的数据满足独立同分布条件，然后利用 GH 分布进行拟合。

2.4.1 金融数据过滤（Data Filter）

本书利用上证综合指数、深证成分指数 2004 年 1 月 2 日—2007 年 7 月 10 日 10 分钟数据（21 200 个），沪深 300 指数 2005 年 6 月 7 日—2007 年 7 月 10 日 10 分钟收盘价格数据（12 699 个），价格取对数并做一次差分，即得股票对数收益率序列。对三个指数收益率序列进行自相关检验（ACF），发现只具有很弱的自相关性（见图 2—2 左侧）；但指数收益率平方的自相关性较为明显（见图 2—3 左侧），因此需要对数据进行过滤，使过滤后数据满足独立同分布条件。

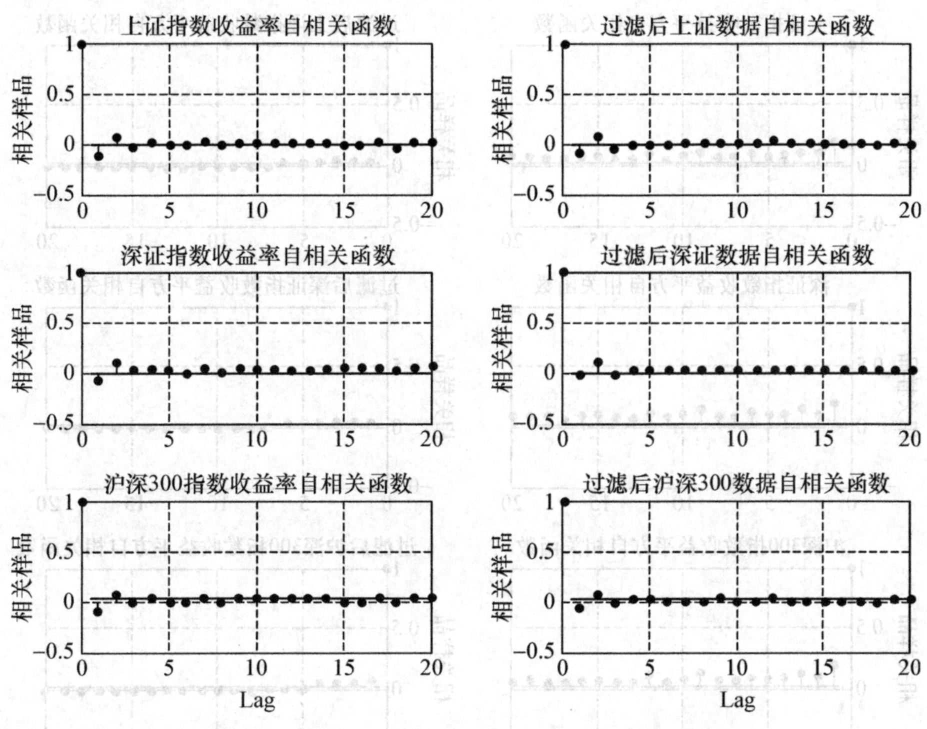

图 2—2　指数收益率序列处理前后的自相关函数

令 $X_t=\mu_t+\sigma_t Z_t$，在 ARMA-GARCH 模型中，μ_t 用 ARMA 模型描述，σ_t 用 GARCH 模型描述，Z_t 是标准白噪声过程。因为 μ_t 和 σ_t 的具体模型未知，可利用已有数据进行估计。假设 μ_t 为常数，用样本均值作为估计量；把时间序列分成 n 组，计算每组样本标准差 σ_i，第 i 组样本都把 σ_i 作为该变量实际标准差的估计量，$i=1, 2, \cdots, n$，则每一个收益率数据都对应一个标准差 σ_t。本书以 100 个数据为一组（最后一组数据大于 100 个），过滤后收益率数据定义为：

$$\hat{X}_t=\frac{X_t-\mu}{\sigma_t}$$

其中，μ 是长期均值。这种过滤方法类似于“已实现波动率”法，能获得极为接近独立同分布的数据。过滤后数据 $\hat{X}_t$ 及其平方项的自相关函数分别见图 2—2 右侧和图 2—3 右侧。可见过滤后的数据及其平方项，基本消除了自

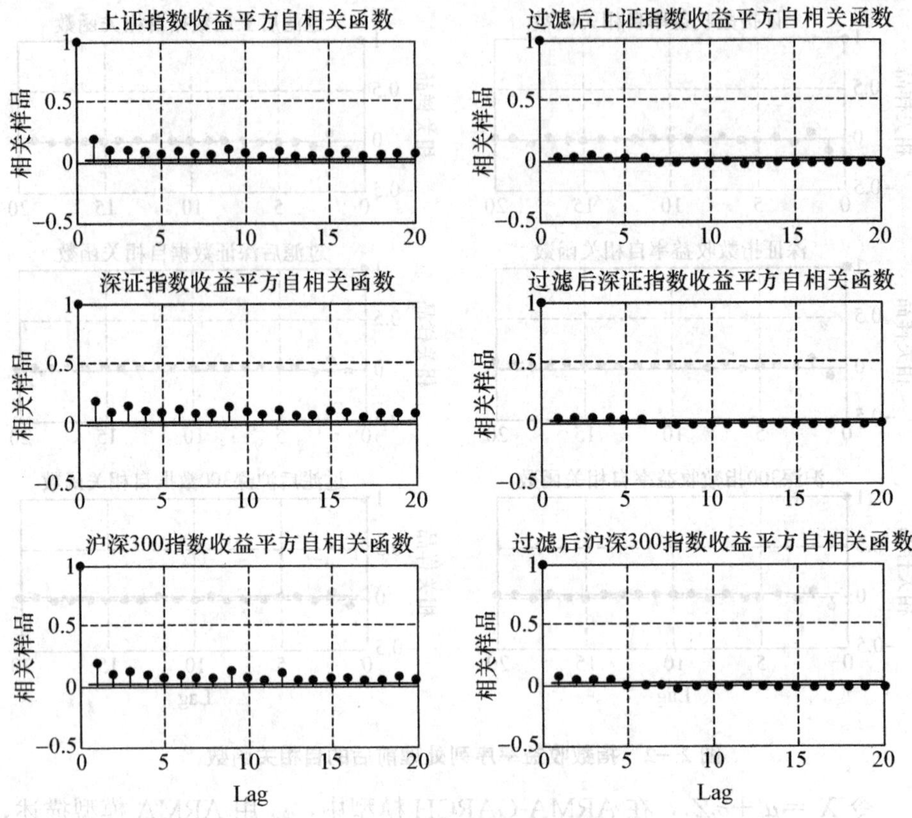

图 2—3　指数收益率平方与过滤后收益率平方的自相关函数图

相关性，可近似认为是独立同分布序列。

2.4.2　过滤后收益率数据的拟合结果

根据第三部分提供的 EM 算法，利用 GH 及其极限分布进行数据拟合，结果列于表 2—1，停止条件设定为所有参数值变化比例均小于 1%。在 K-S 检验中，三个过滤后指数收益率的关键值（CV）分别是：上证综合指数，CV＝0.009 3；深证成分指数，CV＝0.009 3；沪深 300 指数，CV＝0.012 0。从表 2—1 可以看出，所有拟合分布都能通过 K-S 拟合优度检验。参数估计结果列于附录 C，拟合图列于附录 D。

表 2—1　　GH 分布子类及极限分布拟合过滤后收益率数据

	双曲线分布			NIG 分布		
	似然函数（10^4）	K-S 统计量	运行时间（秒）	似然函数（10^4）	K-S 统计量	运行时间（秒）
上证指数	−4.342 0	0.006 4	41.2	−2.359 8	0.005 3	89.5
深证指数	−4.345 1	0.005 9	38.7	−2.397 0	0.004 3	84.1
沪深 300	−2.583 6	0.006 1	20.2	−1.431 5	0.005 2	46.2
	VG 分布			偏 t 分布		
	似然函数（10^4）	K-S 统计量	运行时间（秒）	似然函数（10^4）	K-S 统计量	运行时间（秒）
上证指数	−6.562 3	0.006 3	79.7	−3.134 3	0.006 2	52.0
深证指数	−6.549 1	0.008 1	61.2	−3.114 6	0.007 6	40.0
沪深 300	−3.929 7	0.008 2	42.1	−1.849 5	0.007 7	20.3

2.4.3　拟合结果分析

从似然函数角度评价，四个假设分布的优劣次序为（似然函数值越大拟合优度越高）：NIG 分布最优，偏 t 分布次之，双曲线分布再次，VG 分布最差。

从 K-S 统计量角度评价，优劣次序为（K-S 统计量越小拟合优度越高）：NIG 分布最优，双曲线分布次之，偏 t 分布再次，VG 分布最差。

从迭代次数（反映了收敛的速度）考虑，优劣次序为：偏 t 分布最快，双曲线分布次之，VG 分布再次，NIG 分布最慢。

从计算时间角度，优劣次序为：偏 t 分布最优，双曲线分布次之，VG 分布再次，NIG 分布最差。迭代次数排序和计算速度排序完全一致，说明算法的收敛速度（迭代次数）是影响运行时间的主要因素。

2.5　小结

本章从第三类修正贝塞尔函数、广义逆高斯分布的主要性质开始，以正态均值—方差混合为纽带，推导出广义双曲线分布及其极限分布，总结了文献中常用的 GH 分布参数表示方法，简述了各种参数表示方法的优缺点。本章一方面展示了 GH 分布对金融数据极好的拟合性，另一方面比较了双曲线分布、正态逆高斯分布、方差伽玛分布和偏 t 分布对中国主要股指拟合程度的优劣。

本章参数估计中借鉴了 Saket Sathe 上传的免费程序，在此表示感谢！但 Saket Sathe 的程序存在较为严重的缺陷：第一，Saket Sathe 的程序不能处理 GH 分布的极限分布；第二，该程序既不是基于 WenBo Hu（2005）的 χ 算法和 ψ 算法，也非 McNeil（2005）的算法，而是利用 Matlab 自带的 fmincon()函数求解 GH 分布的主要参数，不能应用于 GH 极限分布以及多维 GH 分布的参数估计。

实证研究中的参数估计程序，是基于本书 2.3.2 节给出的新解法所开发，无论是计算速度还是计算精度都有优异的表现。实证研究结果显示：GH 及其极限分布对中国证券市场高频股指数据都表现出良好的拟合能力，其中以 NIG 分布拟合效果最好，偏 t 分布和双曲线分布次之，方差伽玛分布拟合效果最差。考虑到程序运行时间都在可接受范围内（1 分钟左右），因此本书认为 NIG 分布是中国证券市场收益率数据的最佳拟合分布。

第三章

广义双曲线分布与 GARCH 类模型

经验研究表明，金融资产收益率具有所谓“程式化现象”，如资产收益率的“尖峰厚尾”现象、“弱自相关”现象、收益率绝对值或平方项“显著自相关”现象等。条件异方差模型中也存在类似程式化现象，如非对称性、波动率持续性、长期记忆性等现象。程式化现象研究的不断深入，有力推动了金融建模技术的不断完善。本章从程式化现象与建模技术互动的视角，梳理 20 多年来金融时间序列建模技术的发展历程。

离散金融收益率时间序列可用公式（3.1）描述，因此该模型可分解成两部分：第一，对条件异方差构建模型；第二，对条件均值构建模型。实际应用中，常把条件异方差和条件均值模型结合起来。

$$r_t = m_t + h_t^{1/2}\eta_t \tag{3.1}$$

其中，r_t 表示资产收益率；m_t 表示条件均值；h_t 表示条件异方差；η_t 称为标准误差项，是均值为 0，单位标准差的独立同分布随机变量。

本章把广义双曲线分布应用于 GARCH 模型，基于两种方法对模型进行参数估计：第一，基于正态分布假设的准极大似然法（Quasi MLE）估计模型参数，而后用标准 GH 分布拟合标准误差项；第二，新标准误差项假设下，利用极大似然法估计参数。最后，利用 K-S 检验以及 Duan（2004）提供的方法对模型设定进行检验。

3.1 主要 ARCH/GARCH 类模型

3.1.1 金融时间序列的程式化现象

自 Engle（1982）和 Bollerslev（1986）的开创性论文诞生迄今，有关条件异方差建模的研究文献可谓异常丰富，单梳理历史文献、追踪当前研究方向，已属不易。本章试图从金融时间序列程式化现象着手，勾勒出 ARCH/GARCH 类模型族的发展脉络。ARCH/GARCH 模型的研究文献整体上是为更好刻画金融时间序列的程式化现象服务，它们之间的频繁互动，产生了丰硕的研究成果。由于金融时间序列建模属于金融领域的基础研究①，它的研究成果是衍生品定价、对冲、风险管理等领域迅猛发展的原动力之一。

发现“程式化现象”有一个历史过程，为了更好刻画这些现象，促进了 ARCH/GARCH 模型、随机波动模型的不断发展。目前金融时间序列所发现的程式化现象主要有：

（1）金融收益率“尖峰厚尾”特征以及“波动率集聚”现象。为了刻画这一特征，诞生了 ARCH/GARCH 模型。

（2）Black（1976）最早发现了“不对称现象”，即正负收益率“冲击”对波动率影响的不对称现象。Black（1976）和 Christie（1982），Pangan &

① 金融衍生品定价、对冲、风险管理（包括风险度量和资产优化）这些近年来热门的研究领域，都是构建于其上的“上层建筑”。

Schwert（1990），Engle & Ng（1993）把该现象归因于“杠杆效应”，而 French，Schwert & Stambaugh（1987），Campbell & Hentschel（1992）则把该现象归因于“波动率反馈效应”。由于“不对称现象”的发现，诞生了 MGARCH、GJR-GARCH、EGARCH、TGARCH 等不对称 GARCH 模型。

（3）波动率持续性和长期记忆特征，促进了对长期记忆 ARCH/GARCH 模型的构建。更多内容参见 3.1.3 节。

（4）结构性突变现象。Diebold & Inoue（2001）所指出的“偶尔发生的结构突变可能形成长期记忆的假象”。Lamoureux & Lastrapes（1990），Andreou & Ghysels（2002）发现：金融波动率有不规则的水平平移现象。在此构想的基础上，诞生了状态变换 ARCH 模型和 STGARCH 模型。

3.1.2 短记忆 ARCH/GARCH 模型

（一）ARCH 模型

Engle（1982）定义 ARCH（q）模型如下：

$$u_t = h_t^{1/2}\eta_t$$

$$h_t = a_0 + \sum_{j=1}^{q} a_j u_{t-j}^2 \tag{3.2}$$

其中，$a_0 > 0; a_j \geqslant 0; j = 1,2,\cdots,p; a_1 + \cdots + a_q < 1$；标准误差项 η_t 是独立同分布随机变量；$E(\eta_t) = 0; E(\eta_t^2) = 1$；$h_t$ 和 η_t 相互独立；u_t 称为误差项或新息。

（二）GARCH 模型（也称 LGARCH）

Bollerslev（1986）对 ARCH 模型进行了推广，提出了广义自回归条件异方差模型，GARCH（p，q）模型如下：

$$u_t = h_t^{1/2}\eta_t$$

$$h_t = a_0 + \sum_{j=1}^{q} a_j u_{t-j}^2 + \sum_{j=1}^{p} b_j h_{t-j} \tag{3.3}$$

其中，η_t 是独立同分布随机变量，$E(\eta_t)=0, E(\eta_t^2)=1, a_0>0, a_j\geqslant 0(j=1,2,\cdots,q), b_i\geqslant 0(i=1,2,\cdots,p), \sum_{j=1}^{p}b_j+\sum_{j=1}^{q}a_j<1$。$a_j$ 称为 ARCH 项系数，b_i 称为 GARCH 项系数。

ARCH 模型和 GARCH 模型都属于对称模型，即认为收益率上涨、下跌对波动性的影响对称。而实证研究表明金融时间序列存在“杠杆效应”，即资产收益率对波动性的影响非对称，资产收益率的下跌比上涨对波动性的增长影响更大。为“捕获”资产收益率的杠杆效应，产生了以下非对称条件异方差模型。

（三）MGARCH 模型

Geweke（1986），Pantula（1986）和 Mihoj（1987）所提出

$$\ln h_t = a_0 + \sum_{i=1}^{q} a_i \ln u_{t-i}^2 + \sum_{j=1}^{p} b_j \ln h_{t-j} \tag{3.4}$$

其中，$a_0>0; a_i\geqslant 0; b_j\geqslant 0; i=1,2,\cdots,q; j=1,2,\cdots,p$。

（四）EGARCH 模型：Nelson（1991）

$$\ln h_t = a_0 + \sum_{i=1}^{q} a_i(|u_{t-i}| - E(|u_{t-i}|) + \gamma^{(i)} u_{t-i}) + \sum_{j=1}^{p} b_j \ln h_{t-j} \tag{3.5}$$

其中，$a_0>0; a_i\geqslant 0; b_j\geqslant 0; i=1,2,\cdots,q; j=1,2,\cdots,p$。

（五）GJR-GARCH 模型：Glosten，Jagannathan & Runkle（1993）

$$h_t = a_0 + \sum_{i=1}^{q} a_i h_{t-i} u_{t-i}^2 + \sum_{j=1}^{p} b_j h_{t-j} + \sum_{i=1}^{q} c_j h_{t-i} \max(0, -u_{t-i})^2 \tag{3.6}$$

其中，$a_0>0; a_i\geqslant 0; b_j\geqslant 0; a_i+c_i\geqslant 0; i=1,2,\cdots,q; j=1,2,\cdots,p$。

如果 $c_i>0, i=1,2,\cdots,q$，则该模型实际上是在假设负误差项比正误差项引起更大的条件方差。

（六）NGARCH 模型：Engle & Ng（1993）

$$h_t = a_0 + \sum_{i=1}^{p} b_i h_{t-i} + \sum_{j=1}^{q} a_j h_{t-j}(u_{t-j} - c)^2 \tag{3.7}$$

其中，$a_0 > 0; b_i \geqslant 0; a_j \geqslant 0; \sum_{i=1}^{p} b_i + \sum_{j=1}^{q} a_j(1+c^2) < 1; i = 1,2,\cdots,p; j = 1, 2,\cdots,q$。

（七）VGARCH：Engle & Ng（1993）

$$h_t = a_0 + \sum_{i=1}^{p} b_i h_{t-i} + \sum_{j=1}^{q} a_j(u_{t-j} - c)^2 \tag{3.8}$$

其中，$a_0 > 0; b_i \geqslant 0; a_j \geqslant 0; \sum_{i=1}^{p} b_i < 1; i = 1,2,\cdots,p; j = 1,2,\cdots,q$。

（八）TS-GARCH：Taylor（1986）和 Schwert（1989）

$$\sqrt{h_t} = a_0 + \sum_{i=1}^{p} b_i \sqrt{h_{t-i}} + \sum_{j=1}^{q} a_j \sqrt{h_{t-j}} \mid u_{t-j} \mid \tag{3.9}$$

其中，$a_0 > 0; b_i \geqslant 0; a_j \geqslant 0; i = 1,2,\cdots,p; j = 1,2,\cdots,q$。

（九）TGARCH 模型：Zakoian（1994）

$$\begin{aligned} \sqrt{h_t} = {} & a_0 + \sum_{i=1}^{p} b_i \sqrt{h_{t-i}} + \sum_{j=1}^{q} a_j \sqrt{h_{t-j}} \mid u_{t-j} \mid \\ & + \sum_{j=1}^{q} c_j \sqrt{h_{t-j}} \max(0, -u_{t-j}) \end{aligned} \tag{3.10}$$

其中，$a_0 > 0; b_i \geqslant 0; a_j \geqslant 0; i = 1,2,\cdots,p; a_j + c_j \geqslant 0; j = 1,2,\cdots,q$。

（十）Augmented GARCH（p, q）模型：Duan（1997）

$$u_t = \sqrt{h_t}\eta_t, \eta_t \mid F_{t-1} \sim D(0,1)$$

$$\begin{aligned} \phi_t = {} & \alpha_0 + \sum_{i=1}^{p} \alpha_1^{(i)} \phi_{t-i} + \sum_{i=1}^{q} [\alpha_2^{(i)} \mid u_{t-i} - c \mid^{\delta} \\ & + \alpha_3^{(i)} \max(0, c - u_{t-i})^{\delta}]\phi_{t-i} + \sum_{i=1}^{q} [\alpha_4^{(i)} f(\mid u_{t-i} - c \mid ; \delta) \\ & + \alpha_5^{(i)} f(\max(0, c - u_{t-i}); \delta)] \end{aligned} \tag{3.11}$$

$$h_t = \begin{cases} |\lambda\phi_t - \lambda + 1|^{1/\lambda}, \lambda \neq 0 \\ \exp(\phi_t - 1), \quad \lambda = 0 \end{cases}$$

其中，$f(z;\delta) = \begin{cases} (z^\delta - 1)/\delta, \delta \neq 0 \\ \ln z, \quad \delta = 0 \end{cases}$，对于任意 $z \geqslant 0$。

Duan（1997）的增广 GARCH 模型囊括了以上八类模型：

第一，当 $\lambda = 1, c = 0, \delta = 2, \alpha_3^{(i)} = \alpha_4^{(i)} = \alpha_5^{(i)} = 0, i = 1, 2, \cdots, q$ 时，即是 Bollerslev（1986）LGARCH（p，q）模型。

第二，当① $\lambda = 0, c = 0, \delta = 0$；② $\alpha_2^{(i)} = \alpha_3^{(i)} = \alpha_5^{(i)} = 0, \alpha_4^{(i)} = 2\alpha_1^{(i)}$ 时，即是 Geweke（1986），Pantula（1986）和 Mihoj（1987）的 MGARCH 模型。

第三，当① $\lambda = 0, c = 0, \delta = 1$；② $\alpha_2^{(i)} = \alpha_3^{(i)} = 0$ 时，即是 Nelson（1991）的 EGARCH（p，q）模型。

第四，当① $\lambda = 1, c = 0, \delta = 2$；② $\alpha_4^{(i)} = \alpha_5^{(i)} = 0, \alpha_0 > 0, \alpha_1^{(i)} \geqslant 0, \alpha_2^{(i)} \geqslant 0$ 时，即是 Glosten et al.（1993）的 GJR-GARCH 模型。

第五，当① $\lambda = 1, \delta = 2$；② $\alpha_3^{(i)} = \alpha_4^{(i)} = \alpha_5^{(i)} = 0, \alpha_0 > 0, \alpha_1^{(i)} \geqslant 0, \alpha_2^{(i)} \geqslant 0$ 时，即是 Engle & Ng（1993）的 NGARCH 模型。

第六，当① $\lambda = 1, \delta = 2$；② $\alpha_2^{(i)} = \alpha_3^{(i)} = \alpha_5^{(i)} = 0, \alpha_0 > 0, \alpha_1^{(i)} \geqslant 0, \alpha_4^{(i)} \geqslant 0$ 时，即是 Engle & Ng（1993）的 VGARCH 模型。

第七，当① $\lambda = 1/2, c = 0, \delta = 1$；② $\alpha_3^{(i)} = \alpha_5^{(i)} = 0, \alpha_4^{(i)} = \alpha_2^{(i)}, \alpha_1^{(i)} \geqslant 0$，$\alpha_2^{(i)} \geqslant 0, \alpha_0 > \sum_{i=1}^{p}\alpha_1^{(i)} + \sum_{i=1}^{q}\alpha_2^{(i)} - 1$ 时，即是 Taylor（1986）和 Schwert（1989）的 TS-GARCH 模型。

第八，当① $\lambda = 1/2, c = 0, \delta = 1$；② $\alpha_4^{(i)} = \alpha_2^{(i)}, \alpha_5^{(i)} = \alpha_3^{(i)}, \alpha_1^{(i)} \geqslant 0, \alpha_2^{(i)} \geqslant 0, \alpha_2^{(i)} + \alpha_3^{(i)} \geqslant 0, \alpha_0 > \sum_{i=1}^{q}\alpha_1^{(i)} + \sum_{i=1}^{q}\alpha_2^{(i)} + \sum_{i=1}^{q}\alpha_3^{(i)} - 1$ 时，即是 Zakoian（1994）的 TGARCH 模型。

3.1.3 长记忆 GARCH 模型

波动率长期记忆性（long memory of volatility）和波动率持续性（volatility persistence）虽然如同一个硬币的两个方面，但在概念上却是略有区别。[①] Dacorogna et al.（1993），Harvey（1993），Ding，Granger & Engle（1993），Bollerslev & Mikkelsen（1996），Ding & Granger（1996）等对不同金融资产时间序列的研究发现：收益率的平方项（或绝对值）的自相关函数按双曲率缓慢衰减，即存在所谓"波动率持续性"现象。受 ARFIMA 模型启发[②]，引发了把 GARCH 模型和长期记忆性相联系的研究热潮。为刻画金融序列波动率所呈现出的长期记忆性，Engle & Bollerslev（1986）提出单整 GARCH 模型（IGARCH），Baillie，Bollerslev & Mikkelsen（1996）提出分整 GARCH 模型（fractional integrated GARCH，FIGARCH），Ding & Granger（1996）提出 LMGARCH 模型（long memory GARCH），Bollerslev & Mikkelsen（1996）提出了 FIEGARCH 模型（fractional integrated exponential GARCH）；柯珂和张世英（2003）综合了 Duan（1997）的增广 GARCH 模型和 Bollerslev & Mikkelsen（1996）的分整 GARCH 模型，提出了分整增广 GARCH 模型。下面简单介绍这三种长记忆模型。

（一）Baillie et al.（1996）的 FIGARCH 模型

Bollerslev（1986）给出的 GARCH（p，q）模型可重新表示成如下形式：

$$h_t = a_0 + \alpha(L)u_t^2 + \beta(L)h_t \tag{3.12}$$

其中，$\alpha(L) \equiv \sum_{i=1}^{q} a_i L^i$，$\beta(L) \equiv \sum_{i=1}^{p} b_i L^i$，$L$ 为滞后算子（lag operator）。

令：

$$v_t = u_t^2 - h_t \tag{3.13}$$

---

① 在异方差建模中，长期记忆性指收益率平方或绝对值的自相关函数缓慢衰减；波动率持续性指波动率的当前"震荡"（shock）对未来波动过程有持续性影响。

② ARFIMA 模型展示出：即使没有单位根的长记忆性模型也能呈现出自相关函数缓慢衰减的特征。

则 GARCH（p，q）模型（3.12）可表示如下：

$$\phi(L)(1-L)u_t^2 = a_0 + [1-\beta(L)]v_t \tag{3.14}$$

其中，$\phi(L)\equiv[1-\alpha(L)-\beta(L)](1-L)^{-1}$。

受 ARFIMA（k，d，l）模型的启发，FIGARCH（p，d，q）模型定义为式（3.15）：

$$\phi(L)(1-L)^d u_t^2 = a_0 + [1-\beta(L)]v_t \tag{3.15}$$

其中，$0<d<1$，$\phi(L)$ 和 $[1-\beta(L)]$ 的所有根都位于单位圆，$(1-L)^d$ 有如下展开式：

$$\begin{aligned}(1-L)^d &= F(-d,1,1;L)\\ &= \sum_{k=0}^{\infty}\Gamma(k-d)\Gamma(k+1)^{-1}\Gamma(-d)^{-1}L^k\\ &= \sum_{k=0}^{\infty}\pi_k L^k\end{aligned} \tag{3.16}$$

其中，$\Gamma(\cdot)$ 代表伽玛函数；高斯超几何函数 $F(m,n,s;x)$ 的解析式定义如下：

$$\begin{aligned}F(m,n,s;x) = \Gamma(s)\Gamma(m)^{-1}\Gamma(n)^{-1}\times\sum_{j=0}^{\infty}\Gamma(m+j)\Gamma(n+j)\\ \Gamma(s+j)^{-1}\Gamma(j+1)^{-1}x^j\end{aligned} \tag{3.17}$$

在 FIGARCH（p，q）模型中，条件方差作为过去新息平方项的线性函数，为了预测未来最优条件方差，条件方差的持续性可由作为当前新息函数的脉冲响应系数（impulse response coefficients）来刻画。脉冲响应系数的表达式由公式（3.18）表示：

$$\gamma_k = \partial E(\varepsilon_{t+k}^2)/\partial v_t - \partial E(\varepsilon_{t+k-1}^2)/\partial v_t, \gamma_0 = 1 \tag{3.18}$$

累积脉冲响应权重（cumulative impulse response weights）为 λ_k，它反映了当前“震荡”对未来 k 时期内的累积影响：

$$\lambda_k = \sum_{l=0}^{k} \gamma_l \tag{3.19}$$

一般来讲，脉冲响应系数是关于时间 t 的函数，但是在 FIGARCH（p，d，q）模型中，脉冲响应系数与时间 t 无关。脉冲响应系数可用误差平方项的一阶差分来刻画：

$$(1-L)u_t^2 = \Delta(L)v_t \tag{3.20}$$

其中，$\Delta(L) = \sum_{j=0}^{\infty} \gamma_j L^j$。

把 FIGARCH（p，d，q）写成公式（3.20）形式，得到公式（3.21）：

$$\begin{aligned}(1-L)u_t^2 &= (1-L)^{1-d}\phi(L)^{-1}a_0 \\ &\quad + (1-L)^{1-d}\phi(L)^{-1}[1-\beta(L)]v_t \\ &\equiv \zeta + \gamma(L)v_t\end{aligned} \tag{3.21}$$

如果 $\Delta(L) = (1-L)\Lambda(L)$，则 $\Lambda(L) = \sum_{k=0}^{\infty} \lambda_k L^k$，所以：

$$\begin{aligned}u_t^2 &= (1-L)^{-d}\phi(L)^{-1}a_0 + (1-L)^{-d}\phi(L)^{-1}[1-\beta(L)]v_t \\ &\equiv \xi + \lambda(L)v_t\end{aligned} \tag{3.22}$$

历史“震荡”对波动过程的长期影响可用累积脉冲响应权重的极限 $\gamma(1)$ 来估计：

$$\begin{aligned}\gamma(1) &= \lim_{k\to\infty} \sum_{k=0}^{\infty} \gamma_i = \lim_{k\to\infty} \lambda_k \\ &= F(d-1,1,1;1)\phi(1)^{-1}[1-\beta(1)]\end{aligned} \tag{3.23}$$

当 $0 \leqslant d < 1$ 时，$F(d-1,1,1;1) = 0$ [①]，表明对协方差平稳的 GARCH（p，q）和 FIGARCH（p，q）模型而言，“震荡”对未来波动率的影响最终将消失。但是 d 的不同取值，对消失的速度有重要影响。当 $d=0$ 时，

① 根据超几何函数定义：当 $0 \leqslant d < 1$ 时，$F(d-1, 1, 1; 1) = 0$；当 $d=1$ 时，$F(d-1, 1, 1; 1) = 1$。

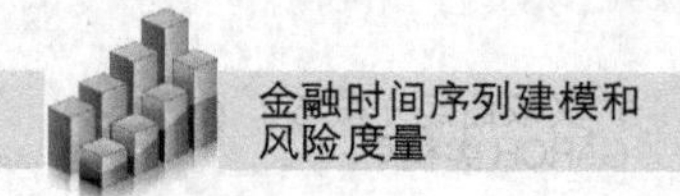

FIGARCH（p，q）模型即是 GARCH（p，q）模型，“震荡”对未来波动率的影响以指数速率迅速消失；当 $0<d<1$ 时，FIGARCH（p，q）模型表现出波动率的持续性，“震荡”对未来波动率的影响按双曲率衰减；当 $d=1$ 时，FIGARCH（p，q）演变为 IGARCH（p，q）模型，此时 $F(d-1, 1, 1; 1)=1$，累积脉冲响应权重收敛于常数 $\gamma(1)=\phi(1)^{-1}[1-\beta(1)]$，这意味着历史“震荡”对未来波动率的影响永不消失。

（二）LMGARCH（p，d，q）模型

Karanasos，Psaradakis & Sola（2004）给出了 LMGARCH（p，d，q）模型定义，如公式（3.24）和公式（3.25）所示，并证明该过程误差平方项 u_t^2 的自相关函数具有长期记忆性，Conrad & Karanasos（2006）对 LMGARCH 模型的脉冲响应函数作了研究。

$$\begin{aligned} u_t &= \sqrt{h_t}\eta_t \\ u_t^2 &= \omega+\Omega(L)v_t \end{aligned} \tag{3.24}$$

其中，

$$\Omega(L) \triangleq \sum_{j=0}^{\infty}\omega_j L^j, 0<\sum_{j=0}^{\infty}\omega_j^2<\infty$$

当 $\{\omega_j, j\geqslant 0\}$ 以几何速度收敛于零时①，公式（3.24）是严格平稳 GARCH（p，q）过程；当 $E(u_t^4)<\infty$ 且 $\{\omega_j, j\geqslant 0\}$ 以几何速度衰减时，意味着自相关函数 $\{\rho_n(u_t^2)\triangleq \mathrm{Corr}(u_{t+n}^2, u_t^2), n\geqslant 1\}$ 也是以几何速度衰减。所以，当序列和 $\sum_{n=0}^{\infty}\rho_n(u_t^2)$ 绝对收敛时，$\{u_t^2\}$ 呈现出短期记忆性。

式（3.24）也包括自相关函数衰减慢于几何速度的过程。比如允许系数 $\{\omega_j, j\geqslant 0\}$ 以双曲速率衰减，即当 $\delta\in(1,\infty)$ 时，随着 $j\to\infty, \omega_j\sim Cj^{-\delta}$，其中 C 表示有限正的常数。此时，$\Omega(L)$ 表达成公式（3.25）的形式：

$$\Omega(L)=\frac{B(L)}{A(L)(1-L)^d} \tag{3.25}$$

① 即对于 $\lambda\in(0, 1)$，随着 $j\to\infty$，$\omega_j=O(\lambda^j)$。

其中，$A(L)\triangleq 1-\sum_{j=1}^{q}a_jL_j$，$B(L)\triangleq 1-\sum_{j=1}^{p}b_jL_j$，$a_j$ 和 b_j 为 GARCH（p，q）模型中的系数，$d\in(0,0.5)$。

Karanasos，Psaradakis & Sola（2004）证明：LMGARCH（p，d，q）模型具有长期记忆性，简单证明如下：

在式(3.24)中，$D(u_t^2)=E(v_t^2)\sum_{j=0}^{\infty}\omega_j^2$，$E(v_t^2)=\{1-[1/E(\eta_t^4)]\}E(u_t^4)$。

因而：

$$E(u_t^4)=\frac{\omega^2}{1-\{1-[1/E(\eta_t^4)]\}\sum_{j=0}^{\infty}\omega_j^2}$$

为了使 $\{u_t^2\}$ 满足平方可积，需要 $0<E(\eta_t^4)<\infty$ 以及

$$\left\{1-\frac{1}{E(\eta_t^4)}\right\}\sum_{j=0}^{\infty}\omega_j^2<1 \tag{3.26}$$

在式（3.24）和式（3.25）中，由于 $\{\omega_j,j\geqslant 0\}$ 以缓慢的双曲率衰减，所以随着 $j\to\infty,\omega_j\sim Cj^{d-1}$。假设 $E(u_t^4)<\infty$，自相关函数 $\{\rho_n(u_t^2),n\geqslant 1\}$ 满足式（3.27）：

$$\rho_n(u_t^2)=\frac{\sum_{j=0}^{\infty}\omega_j\omega_{j+n}}{\sum_{j=0}^{\infty}\omega_j^2}\sim Cn^{2d-1},n\to\infty \tag{3.27}$$

LMGARCH（p，d，q）与 FIGARCH（p，d，q）是两个非常类似的长记忆性模型，尽管 FIGARCH（p，d，q）过程不具备平方可积性①，但可以证明当 FIGARCH（p，d，q）满足条件（3.26）时，FIGARCH 和 LMGARCH 模型具有相同的二阶结构。

（三）分整增广 GARCH-M 模型（FIAGARCH-M）

柯珂和张世英（2003）把 Duan（1997）增广 GARCH 模型和 Baillie 等

① Zaffaroni（2000）证明了 FIGARCH（p，d，q）过程严格平稳且具有遍历性，但不具备平方可积性。

(1996) 的 FIGARCH 模型结合到一起，再加上对条件均值的建模，提出具有很强囊括性的分整增广 GARCH-M 模型。但是由于缺乏对该模型理论性质的进一步研究，以及该模型本身形式的复杂性，导致难以用常规的伪极大似然法估计模型参数，柯珂和张世英（2001）提出用禁忌—递阶遗传算法来解决参数估计问题。该模型的主要用途在于从众多 GARCH 模型中，初步选择与实际金融数据最相适应的模型。具体内容读者可参见这两篇国内文献，这里不再介绍。

3.1.4 其他 ARCH/GARCH 模型

GARCH 模型通常把资产价格的大幅震荡对资产收益率的持续性影响归因于对波动率的影响，Lamoureux & Lastrapes（1990）却指出“如此高的波动率持续性可能只是波动率过程发生状态转移（regime shift）后的假象”。Hamilton（1988）把马尔可夫转换（Markov-switching）模型用于刻画金融和经济时间序列中由于政策突变或金融危机引致的巨幅波动，受此启发 Hamilton & Susmel（1994），Cai（1994）提出了状态变换 ARCH（regime-switching ARCH）模型，Dueker（1997）提出状态变换 GARCH（regime-switching GARCH）模型，Hamilton & Susmel（1994）以及 Cai（1994）的模型均属于 Dueker（1997）模型的特例，可用于刻画不同波动率水平表现出的持续性。

但状态变换模型假设只有有限的离散状态，且由于概率转移矩阵参数估计的困难，实际往往只选择很少几个状态。作为对状态变换 ARCH/GARCH 模型的扩展，Hagerud（1997），Gloria（1998），Lundbergh & Teräsvirta（1998）建立的 STGARCH（smooth transition GARCH）模型，利用连续且可以控制光滑程度的转移函数，以调整转移函数光滑程度方式来控制所处状态。Lanne & Saikkonen（2005b）给出了新的 STGARCH 模型形式，与 Hagerud（1997），Gloria（1998），Lundbergh & Teräsvirta（1998）的区别在于：它转移函数里的自变量是条件方差 h_{t-1} 而非 u_t^2（或 u_t）的滞后项。Chan & McAleer（2001）研究了 STAR-GARCH 和 STAR-

STGARCH 模型的准极大似然估计问题。

状态变换 GARCH 模型和平滑转移 GARCH 模型仅仅是对条件方差的建模，把状态转移同时应用于条件均值和条件方差建模，就产生了 Li & Li (1996)，Liu，Li & Li（1997）的 DTARCH（p_1，p_2，q_1，q_2）模型。Lee & Li（1998）引入的 DST（double smooth transition）模型是对 DTARCH 的推广，它结合了 Teräsvirta（1994）的 STAR 模型和 Hagerud（1997）的 STARCH 模型，同时把平滑转移法应用于条件均值和条件方差的建模。

（一）Dueker（1997）的 Markov-Regime Switching GARCH

令收益率时间序列表示成如下形式：

$$r_t = m_t + h_t^{1/2}\eta_t$$

其中，η_t 服从自由度为 $n_t > 2$ 的 t 分布，m_t 的状态转换受控于马尔可夫过程 $\{S_t\}$：

$$m_t = m_l S_t + m_h(1-S_t)\text{，对任意 } t \text{ 有：} S_t \in \{0,1\} \tag{3.28}$$

对于 $0<p$，$q<1$，有：

$$\Pr(S_t = 0 \mid S_t = 0) = p$$
$$\Pr(S_t = 1 \mid S_t = 1) = q$$

假设 h_t 服从 GARCH（1，1）过程，其中 GARCH（1，1）具有受控于 $\{S_t\}$ 的马尔可夫状态转换参数，一般表达式如下：

$$\begin{aligned} h_t(S_t, S_{t-1}, \cdots, S_0) = \gamma(S_t) + \alpha(S_{t-1})u_{t-1}^2 \\ + \beta(S_{t-1})h_{t-1}(S_{t-1}, \cdots, S_0) \end{aligned} \tag{3.29}$$

在式（3.29）中，条件方差 h_t 是状态变量 S_t 整个历史状态值的函数。当时间序列很长时，条件方差作为 S_t 整个历史状态值的函数将变得不可接受。Kim（1994）引入一个“截断过程”简化了这一问题的处理。当“截断”用于 GARCH 模型时，h_t 至多是最近 M 个状态变量的函数。Kim（1994）指出：对于 p 阶自回归模型，M 至少应该取值为 $p+1$。对于 GARCH（1，1）模型，M=2。因此，h_t 可视为状态变量 S_t 和 S_{t-1} 的函数：

$h_t^{(i,j)} = h_t(S_t = i, S_{t-1} = j)$。

设 t 时刻可获得的所有信息用 F_t 表示，在每个观测值处把 $h_t^{(i,j)}$ 截断成 $h_t^{(i)}$：

$$h_t^{(i)} = \sum_{j=0}^{1} \Pr(S_{t-1} = j \mid S_t = i, F_t) h_t^{(i,j)} \tag{3.30}$$

GARCH 等式可以用下式来近似：

$$h_t^{(i,j)} = \gamma(S_{t=i}) + \alpha(S_{t-1} = j) u_{t-1}^2 + \beta(S_{t-1} = j) h_{t-1}^{(j)} \tag{3.31}$$

在公式（3.30）中，我们把 h_t 视为过去状态 S_{t-1} 的函数，所以只需关注两个状态：$h^{(j)}, j = 0,1$。为了消除状态变量 S_{t-1}，可把 h_t 进一步“截断”为一个标量：

$$\hat{h}_t = \Pr(S_{t-1} = 0 \mid F_t) h_t^{(0)} + \Pr(S_{t-1} = 1 \mid F_t) h_t^{(1)} \tag{3.32}$$

公式（3.29）可进一步化简为公式（3.33）：

$$h_t^{(j)} = \gamma + \alpha(S_{t-1} = j) u_{t-1}^2 + \beta(S_{t-1} = j) \hat{h}_{t-1} \tag{3.33}$$

（二）Smooth Transition GARCH 模型

Gloria（1998）的平滑转移 GARCH（p，q，d）模型定义如下：

$$u_t = \sqrt{h_t} \eta_t$$

$$h_t = a_0 + \sum_{j=1}^{q} a_j u_{t-j}^2 + \left(\sum_{j=1}^{q} b_j u_{t-j}^2\right) G(u_{t-\mathrm{d}}, \gamma) + \sum_{j=1}^{p} c_j h_{t-j} \tag{3.34}$$

其中，

$$G(u_{t-d}, \gamma) = \frac{1}{1 + \exp(\gamma u_{t-d})} - \frac{1}{2}, \gamma > 0 \tag{3.35}$$

u_{t-d} 是转移变量（transition variable），γ 是平滑参数，$d \leqslant p$。

若函数 G 受到约束，$-\frac{1}{2} < G(u_{t-d}, \gamma) < \frac{1}{2}$，则保证方差为正的充分条件是：

$$a_0 > 0; a_j \geqslant 0; a_j \geqslant \frac{1}{2} \mid b_j \mid ; j = 1,2,\cdots,q; c_i \geqslant 0; i = 1,2,\cdots,p$$

Lanne & Saikkonen（2005b）的 STGARCH 模型：

$$h_t = a_0 + d_1 G_1(h_{t-1}) + \sum_{j=1}^{p} c_j h_{t-j} + \sum_{j=1}^{q} a_j u_{t-j}^2 \tag{3.36}$$

其中，$G_1:(0,\infty) \to [0,1]$ 是递增函数。

Lanne & Saikkonen（2005b）使用了伽玛分布的累积分布函数，即

$$G_1(h_{t-1}) = \int_0^{h_{t-1}} \frac{x^{g_1-1}}{\Gamma(g_1)} \exp(-g_1 x) dx \tag{3.37}$$

其中，$g_1 > 0$ 是分布的参数。

（三）DTARCH 和 DST 模型

Li & Li（1996），Liu，Li & Li（1997）的 DTARCH（p_1，p_2，q_1，q_2）模型（double threshold ARCH）：

$$\begin{aligned} x_t = &\left(\phi_0^{(1)} + \sum_{i=1}^{p_1} \phi_i^{(1)} x_{t-i}\right) \times I(x_{t-d} \in R_1) \\ &+ \left(\phi_0^{(2)} + \sum_{i=1}^{p_2} \phi_i^{(2)} x_{t-i}\right) \times I(x_{t-d} \in R_2) + u_t \end{aligned} \tag{3.38}$$

$$\begin{aligned} h_t = &\left(a_0^{(1)} + \sum_{i=1}^{q_1} a_i^{(1)} u_{t-i}^2\right) \times I(u_{t-s} \in S_1) \\ &+ \left(a_0^{(2)} + \sum_{i=1}^{q_2} a_i^{(2)} u_{t-i}^2\right) \times I(u_{t-s} \in S_2) \end{aligned} \tag{3.39}$$

其中，$u_t \sim N(0,h_t)$，p_i 和 q_i 分别为条件均值和条件方差的阶数，$i=1$，2；d 和 s 是阈值延滞参数；R_i 和 S_i 是实线段，其中 $R_i = (r_{i-1}, r_i]$，$S_i = (s_{i-1}, s_i]$，r_i 和 s_i 分别是条件均值和条件方差的阈值；$a_0^{(i)} > 0$ 和 $a_j^{(i)} \geqslant 0$，$j=1$，2，…，q_i，$i=1$，2。

DST（z_1，z_2，w_1，w_2）模型定义如下：

$$x_t = \beta_0^{(1)} + \sum_{i=1}^{z_1} \beta_i^{(1)} x_{t-i} + \left[\beta_0^{(2)} + \sum_{i=1}^{z_2} \beta_i^{(2)} x_{t-i}\right]$$

$$[1+e^{-\gamma(x_{t-d}-c)}]^{-1}+u_t \tag{3.40}$$

$$h_t=(\xi_0^{(1)}+\sum_{i=1}^{w_1}\xi_i^{(1)}u_{t-i}^2)+[\xi_0^{(2)}+\sum_{i=1}^{w_2}\xi_i^{(2)}u_{t-i}^2]$$
$$[1+e^{-\kappa(x_{t-b}-r)}]^{-1} \tag{3.41}$$

其中，$u_t \sim N(0,h_t)$，d 和 b 是延滞参数，c 和 r 称为转移参数（transition parameters），γ 和 κ 称为平滑参数（smoothness parameters），x_{t-d} 和 x_{t-b} 分别是条件均值和条件方差的转移变量。

由于 Logistic 函数概率密度函数形式如下：

$$f(x)=\frac{1}{1+ce^{-kx}} \tag{3.42}$$

所以，公式（3.40）和公式（3.41）实际是采用了 Logistic 函数作为平滑函数，也可以采用其他形式（如指数函数）。

其他重要的条件异方差模型还包括 AGARCH（增强 GARCH 模型）、QGARCH（二次自回归条件异方差模型）、APARCH 模型等，这里不再赘述。

3.1.5 条件异方差模型与条件均值模型联合建模

从公式（3.1）可以看出：金融收益率时间序列的建模由条件均值和条件方差两部分组成，ARCH/GARCH 类模型仅仅是针对条件方差的建模。条件收益率最初假设为常数项或者用 ARMA 模型[①]刻画。经验研究显示：收益率的条件均值与条件方差存在一定关系，把代表风险的条件方差引入条件均值，能够更好刻画金融收益率时间序列，相关文献见 Engle，Lilien & Robins（1987），Bollerslev（1987）等等。条件均值和条件方差建模方法的结合，构成了 Engle，Lilien & Robins（1987）的 ARCH-M 模型以及 Chou（1988）的 GARCH-M 模型。类似方法可以推广到其他 GARCH 类模

① 计量经济学教科书中提到的 AR、ARMA、ARIMA、ARFIMA 等模型都可应用于对条件均值的建模。对于 ARMA 等模型的介绍，传统计量经济学教科书有详细论述，这里不再赘述。

型，这里不再赘述。

早期用于刻画条件均值的ARMA等模型属于线性模型，随后涌现出多种非线性时间序列模型用于条件均值的刻画。Haggan，Heravi & Priestley（1984）假设生成数据的模型属于状态依赖模型族（family of state-dependent models）的一种。这个模型族包括指数自回归模型、门限自回归模型（Tsay，1989）和平滑自回归（STAR）模型，Teräsvirta（1994）则研究了STAR模型的构造和估计问题。Lundbergh & Teräsvirta（1998）则把对条件均值建模的STAR模型和对条件方差建模的GARCH模型结合到一起，构建了STAR-GARCH模型；Lee & Li（1998）把STAR模型和STARCH模型结合到一起，构建了DST模型。由于基础STAR模型只是在两个极端状态之间的平滑转移，Van Dijk & Franses（1999）则把平缓转移扩展到多个状态之间，Lundbergh，Teräsvirta & Van Dijk（2000）则讨论了时变STAR（time varying，TVSTAR）模型，Van Dijk，Teräsvirta & Franses（2002）对STAR模型最新研究进展作了综述。

（一）ARCH-in-Mean模型

资产收益率时间序列的离散模型可以用如下表达式来描述：

$$r_t = m_t + h_t^{1/2}\eta_t$$

其中，r_t表示资产收益率，m_t表示条件均值，h_t表示条件异方差，η_t是独立同分布随机变量。

ARCH-in-Mean模型也称为ARCH-M模型，意思是指在条件均值建模中加入了异方差因素①，最早由Engle，Lilien & Robins（1987）提出，条件均值表示如下：

$$m_t = \beta + \delta\sqrt{h_t} \tag{3.43}$$

① ARCH-M或GARCH-M模型中的M并不代表对条件均值和条件方差综合建模的符号表述，而是代表条件均值建模中加入了条件异方差因素，对条件均值的建模还有另外的表达方式，比如ARMA-GARCH-M表示“利用ARMA和加入条件异方差项的合成模型为条件均值建模，利用GARCH模型为条件异方差建模”。

Chou（1988）给出 GARCH-M 模型，条件均值表示如下：

$$m_t = \beta + \delta h_t \tag{3.44}$$

公式（3.43）和公式（3.44）对条件均值的定义都来自经验，并没有严格的理论基础，在实际中都得到了广泛的使用，Engle，Lilien & Robins（1987）甚至建议采用 $\ln(h_t)$ 代替公式（3.43）中的 $\sqrt{h_t}$。另外，在刻画条件均值时还可以加入条件收益率的自回归项，如 Lanne & Saikkonen（2005a）就采用以下模型描述条件均值：

$$m_t = \phi_0 + \phi_1 r_{t-1} + \phi_2 r_{t-2} + \cdots + \phi_l r_{t-l} + v h_t \tag{3.45}$$

其中，l 是大于 0 的整数。

（二）条件均值的 STAR 模型

Teräsvirta（1994）的 STAR（p）模型：

$$r_t = \phi_{10} + \sum_{j=1}^{p} \phi_{1j} r_{t-j} + \left(\phi_{20} + \sum_{j=1}^{p} \phi_{2j} r_{t-j}\right) G(r_{t-d}, \gamma, c) + u_t \tag{3.46}$$

当 $G(r_{t-d}, \gamma, c)$ 为公式（3.47）时，称 STAR（p）为 Logistic STAR（p）模型。

$$G(r_{t-d}, \gamma, c) = \frac{1}{1+\exp[\gamma(r_{t-d}-c)]} - \frac{1}{2}, \gamma > 0, \quad d \text{ 为大于 0 的整数} \tag{3.47}$$

当 $G(r_{t-d}, \gamma, c)$ 为公式（3.48）时，称 STAR（p）为 Exponential STAR（p）模型。

$$G(r_{t-d}, \gamma, c) = 1 - \exp[-\gamma(r_{t-d}-c)^2], \gamma > 0, \quad d \text{ 为大于 0 的整数} \tag{3.48}$$

3.1.6 标准误差项分布假设

ARCH/GARCH 模型的另一重要研究方向是对误差项假设分布的拓展。目前广泛应用的误差项（新息）正态分布假设最早由 Engle（1982）提出，但大量经验研究表明新息并不服从正态分布，而是具有高峰、厚尾、有偏的特征。为了获得更高的峰度、更厚的尾部，Bollerslev（1987）使用了学生 t 分布假设，Nelson（1991）使用了广义误差分布（generalized error distribution，GED）假设，都增强了模型对金融数据的刻画能力。但是这三类分布都属于对称分布，依然不能刻画新息分布“有偏”的特征。为了刻画这种非对称性，Lanne & Saikkonen（2005a）使用了 Barndorff-Nielsen 等（1982）提出的 z 分布；Miettinen（2005）则使用了广义双曲线分布和 z 分布。其他新息假设分布还有 Hansen（1994）的广义学生 t 分布，Liu & Brorsen（1995）的稳定分布[①]，Wang，Fawson，Barrett & McDonald（2001）的指数广义贝塔 2 分布（exponential generalized Beta 2，EGB 2）。这里我们仅介绍广义误差分布、z 分布和广义双曲线分布（GH 分布）。其中，z 分布和 GH 分布都属于正态均值—方差混合族（normal mean-variance mixture），稳定分布内容可参考 Nolan（2007）[②]。

（一）广义误差分布

均值为 0、方差为 1 的广义误差分布概率密度函数如下：

$$f(z)=\frac{v\exp[-0.5\mid z/\lambda\mid^{v}]}{\lambda 2^{(1+1/v)}\Gamma(1/v)},-\infty<z<\infty,0<v\leqslant\infty \tag{3.49}$$

$$\lambda\equiv[2^{(-2/v)}\Gamma(1/v)/\Gamma(3/v)]^{0.5} \tag{3.50}$$

其中，$\Gamma(\cdot)$ 是伽玛函数，v 是尾部厚度参数。当 $v=2$ 时，GED 为正态分布；当 $v<2$ 时，GED 具有比正态分布更厚的尾部，其中当 $v=1$ 时 GED 为双指数分布；当 $v>2$ 时，GED 具有比正态分布更薄的尾部，其中当 $v=\infty$ 时 GED 为 $[-\sqrt{3},\sqrt{3}]$ 上的均匀分布。

---

① 缺乏解析形式的概率密度函数，一直是制约稳定分布应用的主要因素。Liu & Brorsen（1995）也只是用数值算法规避了这一问题，给出了 GARCH-Stable 模型参数的极大似然估计。

② 该书还在完成过程中，网上有第一章对单变量稳定分布性质的介绍。稳定分布是一个子类丰富的分布族，正态分布、柯西分布、列维分布都是稳定分布的子类。相应于中心极限定理，稳定分布还对应一个广义中心极限定理，即独立同分布变量和的极限分布是稳定分布。它与中心极限定理的区别在于不要求存在有限方差。

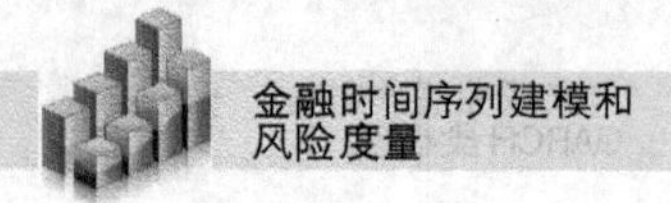

（二）标准 z 分布

$z(\alpha,\beta,\sigma,\mu)$ 代表参数为 α，β，σ，μ 的 z 分布，概率密度函数为：

$$f(x)=\frac{1}{\sigma B(\alpha,\beta)}\frac{\exp[(x-\mu)/\sigma]^{\alpha}}{\{1+\exp[(x-\mu)/\sigma]\}^{\alpha+\beta}} \tag{3.51}$$

$z(\alpha,\beta,\sigma,\mu)$ 特征函数形式如下：

$$\phi(s)=\frac{e^{it\mu}B(\alpha+i\sigma s,\beta-i\sigma s)}{B(\alpha,\beta)} \tag{3.52}$$

其中，$B(\alpha,\beta)$ 是贝塔函数，$x\in R,\alpha,\beta,\sigma>0,\mu\in R$。

贝塔函数定义如下：

$$B(\alpha,\beta)=\frac{\Gamma(\alpha)\Gamma(\beta)}{\Gamma(\alpha+\beta)} \tag{3.53}$$

z 分布具有以下性质：

性质 3.1° 当 $\alpha=\beta$ 时，z 分布是对称分布；

性质 3.2° 当 $\alpha>\beta$（$\alpha<\beta$）时，z 分布是正偏（负偏）分布；

性质 3.3° 当 $\alpha=\beta=1$ 时，z 分布是 Logistic 分布；

性质 3.4° 令 $x\sim z(\alpha,\beta,\sigma,\mu)$，则 $(x-\mu)/\sigma\sim z(\alpha,\beta,1,0)$。

Barndorff-Nielsen et al.（1982）证明：$z(\delta+\theta,\delta+\theta,1,0)$ 是混合函数为 $H(\delta,\gamma)$ 的正态均值—方差混合分布。又由于性质 3.4°，任意 z 分布都是正态均值—方差混合分布。其中，$|\theta|<\delta,\gamma=0.5\theta^2$，$H(\delta,\gamma)$ 代表定义域在 $(0,\infty)$ 上的混合函数，它的矩母函数表达式如下：

$$M(s)=\prod_{k=0}^{\infty}\left\{1-\frac{s}{0.5(\delta+k)^2-\gamma}\right\}^{-1} \tag{3.54}$$

其中，参数 δ，γ 满足 $\delta>0,\gamma<0.5\delta^2$。

因为 $(1-s/\lambda_0)^{-1}$ 是指数分布的矩母函数，所以 $H(\delta,\gamma)$ 是指数分布的无穷卷积。下面计算 $z(\alpha,\beta,1,0)$ 的矩。

根据 $z(\alpha,\beta,\sigma,\mu)$ 特征函数定义（3.52）以及贝塔函数定义（3.53），有

$z(\alpha,\beta,1,0)$ 的特征函数如下：

$$\phi(s)=\frac{\Gamma(\alpha+i\sigma s)\Gamma(\beta-i\sigma s)}{\Gamma(\alpha)\Gamma(\beta)} \tag{3.55}$$

根据特征函数与累积量（cumulants）的关系：

$$\ln\phi(s)\equiv\sum_{n=1}^{\infty}\kappa_n\frac{(it)^n}{n!} \tag{3.56}$$

根据泰勒展开式，有如下关系成立：

$$\kappa_n=\Psi^{(n-1)}(\alpha)+(-1)^n\Psi^{(n-1)}(\beta) \tag{3.57}$$

其中，$\Psi(s)=d\ln\Gamma(s)/ds$，$\Psi^{(n)}(s)=d^n\Psi(s)/ds^n$（$n=1,2,\cdots$），$\Psi^{(0)}(s)=\Psi(s)$。

所以有：

$$\kappa_1=\Psi(\alpha)-\Psi(\beta),\kappa_2=\Psi'(\alpha)+\Psi'(\beta) \tag{3.58}$$

根据累积量与矩的关系式，有：

$$E(x)=\kappa_1\equiv\mu(\alpha,\beta),D(x)=\kappa_2\equiv\sigma(\alpha,\beta) \tag{3.59}$$

根据性质 3.4°，可知 ε_t 满足 $E(\varepsilon_t)=0,D(\varepsilon_t)=1$，且服从标准 z 分布：

$$\varepsilon_t\sim z(\alpha,\beta,1/\sigma(\alpha,\beta),-\mu(\alpha,\beta)/\sigma(\alpha,\beta)) \tag{3.60}$$

（三）标准 d 维 GH 分布

GH 分布的详细介绍见第二章。这里给出 d 维 GH 分布的均值和协方差表达式如下：

$$E(X)=\mu+\gamma\left(\frac{\chi}{\psi}\right)^{1/2}\frac{K_{\lambda+1}(\sqrt{\chi\psi})}{K_\lambda(\sqrt{\chi\psi})} \tag{3.61}$$

$$\mathrm{COV}(X)=\left(\frac{\chi}{\psi}\right)^{1/2}\frac{K_{\lambda+1}(\sqrt{\chi\psi})}{K_\lambda(\sqrt{\chi\psi})}\Sigma$$

$$+\gamma\gamma'\left(\frac{\chi}{\psi}\right)\left[\frac{K_{\lambda+2}(\sqrt{\chi\psi})}{K_\lambda(\sqrt{\chi\psi})}-\left(\frac{K_{\lambda+1}(\sqrt{\chi\psi})}{K_\lambda(\sqrt{\chi\psi})}\right)^2\right] \tag{3.62}$$

当 $E(X)=0$,$\mathrm{COV}(X)=I_d$ 时，X 为标准 GH 分布，其中，I_d 为 $d\times d$ 单位矩阵。

$$\mu=-\gamma\left(\frac{\chi}{\psi}\right)^{1/2}\frac{K_{\lambda+1}(\sqrt{\chi\psi})}{K_\lambda(\sqrt{\chi\psi})} \tag{3.63}$$

$$\Sigma=\left[\left(\frac{\chi}{\psi}\right)^{1/2}\frac{K_{\lambda+1}(\sqrt{\chi\psi})}{K_\lambda(\sqrt{\chi\psi})}\right]^{-1}\times\left\{I_d-\gamma\gamma'\left(\frac{\chi}{\psi}\right)\left[\frac{K_{\lambda+2}(\sqrt{\chi\psi})}{K_\lambda(\sqrt{\chi\psi})}-\left(\frac{K_{\lambda+1}(\sqrt{\chi\psi})}{K_\lambda(\sqrt{\chi\psi})}\right)^2\right]\right\} \tag{3.64}$$

因为第三类修正贝塞尔函数存在以下性质：

当 $x\to 0^+$ 且 $\lambda>0$ 时，$K_\lambda(x)\sim\Gamma(\lambda)2^{\lambda-1}x^{-\lambda}$

当 $x\to 0^+$ 且 $\lambda<0$ 时，$K_\lambda(x)\sim\Gamma(-\lambda)2^{-\lambda-1}x^{\lambda}$

当 $x\to 0^+$ 时，$K_0(x)\sim-\ln(x)$

当 $\chi=0,\lambda>0$ 时，方差伽玛分布的均值和协方差公式如下：

$$\mu=-\frac{2\Gamma(\lambda+1)}{\psi\Gamma(\lambda)}\gamma \tag{3.65}$$

$$\Sigma=\left[\frac{2\Gamma(\lambda+1)}{\psi\Gamma(\lambda)}\right]^{-1}\left\{I_d-\gamma\gamma'\left[\frac{2\Gamma(\lambda+2)}{\psi^2\,\Gamma(\lambda)}-\left(\frac{2\Gamma(\lambda+1)}{\psi\Gamma(\lambda)}\right)^2\right]\right\} \tag{3.66}$$

当 $\psi=0,\lambda<-2$ 时，偏 t 分布的均值和协方差公式如下：

$$\mu=-\frac{\chi\Gamma(-\lambda-1)}{2\Gamma(-\lambda)}\gamma \tag{3.67}$$

$$\Sigma=\left[\frac{\chi\Gamma(-\lambda-1)}{2\Gamma(-\lambda)}\right]^{-1}\left\{I_d-\gamma\gamma'\left[\begin{array}{c}\dfrac{\chi^2\,\Gamma(-\lambda-2)}{4\Gamma(-\lambda)}\\ -\left(\dfrac{\chi\Gamma(-\lambda-1)}{2\Gamma(-\lambda)}\right)^2\end{array}\right]\right\} \tag{3.68}$$

3.2 模型参数估计

3.1 节综述了目前主要 ARCH/GARCH 类模型，对它们的改进可归入两类：第一，模型结构上的改进；第二，标准误差项分布假设上的改进。本章主要研究第二类改进对模型刻画能力的影响。完成模型形式和新息分布设定后，还需利用实际数据估计模型参数。当标准误差项分布假设已知时，极大似然法是效率最高的参数估计方法。极大似然法有两种估计方式：第一，基于标准误差项假设得到似然函数形式，这是传统意义上的极大似然估计；第二，基于误差项正态分布假设[①]得到似然函数形式并估计模型参数，称为准极大似然估计（Quasi MLE）。

3.2.1 GH 假设下的极大似然估计

假设新息分布服从 GH 分布，我们既可以用极大似然法也可以用准极大似然法估计参数。先介绍极大似然法估计 GH 分布假设下 GARCH 模型。

由于金融时间收益率序列可以表示成如下一般形式：

$$r_t = m_t + h_t^{1/2} \eta_t$$

假设 $\eta_t \sim \mathrm{GH}_d(\lambda, \chi, \psi, \mu_0, \Sigma_0, \gamma)$，其中 $\mu_0 = \mu(\lambda, \chi, \psi, \gamma)$，$\Sigma_0 = \Sigma(\lambda, \chi, \psi, \gamma)$ 的取值保证了 η_t 服从标准 GH 分布。

命题 2.1 表明 GH 分布对线性变换保持封闭，即

如果 $X \sim \mathrm{GH}_d(\lambda, \chi, \psi, \mu, \Sigma, \gamma)$，$Y = BX + b$，其中 $B \in \mathrm{R}^{k \times d}$，$b \in \mathrm{R}^k$，那么：

$$Y \sim \mathrm{GH}_k(\lambda, \chi, \psi, B\mu + b, B\Sigma B', B\gamma) \tag{3.69}$$

---

① 准极大似然估计的实质是用一种简便的分布代替复杂的分布，来用于极大化似然函数。这个“简便的分布”不一定非要用正态分布，也可以选择 t 分布或 GED 分布，但最常用的是正态分布，因为对正态分布假设的准极大似然估计的研究最为成熟。该方面的研究综述参见 3.2.2 节。

显然，$r_t \mid \Omega_{t-1} \sim \mathrm{GH}(\lambda,\chi,\psi,h_t^{1/2}\mu_0+m_t,h_t^{1/2}\Sigma_0(h_t^{1/2})',h_t^{1/2}\gamma_0)$。

其中，r_t，m_t，η_t 是 $d\times 1$ 向量，h_t 是 $d\times d$ 非奇异矩阵。

因为 GH 分布的概率密度函数已知，条件收益率 r_t 的概率密度函数如下：

$$f_{t-1}(r_t;\lambda,\chi,\psi,\mu_t,\Sigma_t,\gamma_t)$$

$$=c\frac{K_{\lambda-d/2}\left(\sqrt{\begin{matrix}(\chi+(r_t-\mu_t)'\Sigma_t^{-1}(r_t-\mu_t))\\ \times(\psi+\gamma_t'\Sigma_t^{-1}\gamma_t)\end{matrix}}\right)e^{(r_t-\mu_t)'\Sigma_t^{-1}\gamma_t}}{\left(\sqrt{\begin{matrix}(\chi+(r_t-\mu_t)'\Sigma_t^{-1}(r_t-\mu_t))\\ \times(\psi+\gamma_t'\Sigma_t^{-1}\gamma_t)\end{matrix}}\right)^{d/2-\lambda}} \tag{3.70}$$

其中，

$$c=\frac{(\sqrt{\chi\psi})^{-\lambda}\psi^{\lambda}(\psi+\gamma'\Sigma^{-1}\gamma)^{d/2-\lambda}}{(2\pi)^{d/2}\ |\Sigma|^{1/2}K_{\lambda}(\sqrt{\chi\psi})} \tag{3.71}$$

$\mu_t=h_t^{1/2}\mu_0+m_t,\Sigma_t=h_t^{1/2}\Sigma_0(h_t^{1/2})',\gamma_t=h_t^{1/2}\gamma_0$，$|\cdot|$ 代表矩阵的行列式。

条件收益率的对数似然函数可表示为如下形式：

$$\ln g=\sum_{t=p}^{n}\ln f_{t-1}(r_t;\lambda,\chi,\psi,\mu_t,\Sigma_t,\gamma_t) \tag{3.72}$$

其中，p 为 GARCH 过程的最大滞后项。极大化公式（3.72），即可得到参数的极大似然估计。对于 GH 分布的极限分布——方差伽玛分布和偏 t 分布，上述方法同样适用。

3.2.2 GARCH 模型准极大似然估计

计量模型要从理论走向应用，必须解决参数估计问题。最小二乘估计和极大似然估计是最常用的两类参数估计方法，前者主要用于回归模型的参数估计，而后者却是动态计量模型参数估计的标准方法。极大似然估计量具有很多优良性质，比如充分性（极大似然估计量利用了有关参数的完全信息）、相合性（样本充分大时，估计值趋向于真实值）、高效率（参数估计渐进获得最小方差）等。但由于极大似然估计需要事先对有关分布的具体形式作出“完全设定”，因此存在“错误设定”（misspecification）问题。比如，一般 GARCH 类模型都假设标准误差项服从 i. i. d 标准正态分布，但实证金融数据呈现出“尖峰、厚尾、有偏”的程式化特征，这意味着标准误差项的正态分布假设很可能存在“错误设定”问题。那么在新息假设不正确条件下，基于正态分布假设的极大似然估计量与真实值之间是什么关系呢？QMLE 的研究，就是为了解决这一问题。

由于极大似然估计中高斯分布假设得到最广泛应用，因此高斯 QMLE 问题最早受到学者们关注。尽管在更早时期就有对“伪极大似然估计”（pseudo MLE）① 的研究，但是 Weiss（1986）最早讨论了 ARCH 模型中的高斯 QMLE 问题，证明了在标准误差项具备“有限四阶矩”条件下，QMLE 满足相合性和渐进正态性。高斯 QMLE 研究的重大突破由 Bollerslev & Wooldridge（1992）取得，他们证明了在一定规则性条件（regularity condition）下，一大类条件异方差模型在高斯 QMLE 下都具有相合性和渐进正态性。但 Bollerslev & Wooldridge（1992）给出的规则性条件很抽象，Lumsdaine（1996）在更容易验证条件下，证明了 IGARCH（1，1）和协方差平稳的 GARCH（1，1）模型在高斯假设下准极大似然估计量对实际参数的相合性和渐进正态性。

随着非高斯分布假设在极大似然估计中的广泛应用，非高斯 QMLE 问题也受到更多关注：Bollerslev（1987）在 GARCH 模型中使用了 t 分布假设；Baillie & Bollerslev（1989）在 GARCH 模型中使用了 t 分布和指数幂（exponent power）分布假设；Hsieh（1989）在 GARCH 和 EGARCH 模型中使用了 t 分布、指数幂分布、高斯—泊松混合分布、高斯—对数高斯混合分布，等等。在这些非高斯分布假设下，“错误设定”时能否得到与高斯 QMLE 类似的相合性估计量呢？Newey & Steigerwald（1997）研究这一问

① Gong & Samaniego（1981）讨论了以下情况：存在两类待估参数，其中第一类由于某种原因不是极大似然估计量，而第二类参数又是基于第一类参数的极大似然估计量，此时对第二类参数的估计方法称为“伪极大似然估计”。近年来也有人将“准极大似然估计”和“伪极大似然估计”作为相同概念使用。

题，主要结论如下：（1）当标准误差项假设分布和真实分布都满足对称性条件（单峰分布并且关于零对称）时，非高斯 QMLE 满足相合性；（2）即使对称性条件不满足，额外增加一个位置参数，非高斯 QMLE 同样具有相合性；（3）即使不满足对称条件，也不增加位置参数，只要条件均值严格为零（identically zero），非高斯 QMLE 就具备相合性。

QMLE 研究的最新进展体现在多元波动模型领域。Jeantheau（1998）证明了除 Bollerslev（1990）CCC 模型之外，几乎所有模型的 QMLE 都具备相合性；在同一研究范围内，Ling & McAleer（2003）为 QML 估计及推论提供了理论框架；Comte & Lieberman（2003）在一般设定下，为多元 GARCH 模型的 QMLE 构建了理论框架；Hafner & Herwartz（2005）则为一系列多元 GARCH 模型（包括 VEC 和 BEKK 模型）似然函数及其海塞阵的计算提供了解析公式。

3.3 Duan(2004)的模型设定检验

为独立同分布数据做拟合优度检验，经典方法是 Kolmogorov-Smirnov 检验（K-S 检验）和 Anderson-Darling 检验（A-D 检验）。对于金融时间序列而言，由于数据间存在相依结构，不能简单利用一个分布来刻画它所服从的分布。Duan（2004）提供了一种通用方法，可用于检验模型对数据的刻画能力。

在估计假设模型参数基础上，该方法分三步检验模型假设是否合适。

（1）根据模型假设获得时间序列条件分布函数，进而把时间序列转化成独立同分布(i. i. d)标准正态分布序列。

（2）把转化后的残差序列划分成规模为 n 的多个独立数据模块，在每个模块中利用数据服从标准正态分布的性质构建 n 维向量，并对该向量做非线性变换。

（3）把得到的 n 维独立同分布向量序列创建 χ^2 统计量，该统计量独立

于 $\sqrt{T}$ 一相合参数的估计误差。

具体过程如下：

第一步，正态转换和构建 Z 统计量

考虑时间序列 $\{X_t: t=1,2,\cdots\}$，F_{t-1} 是由 $\{X_\tau: \tau\leqslant t-1\}$ 生成的 σ 域，t 时刻之前的所有外生变量都是可观测的。令 $G_{t-1}(X_t;\theta)$ 是 X_t 的基于 F_{t-1} 的条件分布，其中 θ 表示模型参数。这里始终假设 X_t 具有连续条件分布函数且几乎处处可微。令 k_θ 代表 θ 中参数个数，$\hat{\theta}_T$ 是真实参数值 θ_0 的 $\sqrt{T}$ 一相合估计量，$\Phi(z)$ 是标准正态分布的累积分布函数。利用式（3.73）生成 i. i. d 标准正态分布随机变量序列。

$$\xi_t(\theta)=\Phi^{-1}[G_{t-1}(X_t;\theta)] \tag{3.73}$$

显然，$\xi_t(\theta_0)$ 构成了 i. i. d 标准正态分布随机变量序列。为了利用 $\xi_t(\theta_0)$ 的性质，我们进行以下变换：

$$q_{m,i}^{(p)}(\theta)=\sum_{j=1}^{m}\xi_{(i-1)m+j}^{p}(\theta)\text{，当 } p=1,2 \tag{3.74}$$

$$q_{m,i}^{(3)}(\theta)=\frac{1}{m}\Big(\sum_{j=1}^{m}\xi_{(i-1)m+j}(\theta)\Big)^2 \tag{3.75}$$

$$q_{m,i}^{(4)}(\theta)=\frac{1}{m^2}\Big(\sum_{j=1}^{m}\xi_{(i-1)m+j}^{2}(\theta)-m\Big)^2 \tag{3.76}$$

令 $R_m^{(p)}(\cdot)$ 代表 $q_{m,i}^{(p)}(\theta_0)$ 的累积分布函数。由于 $\xi_t(\theta_0)$ 是 i. i. d 标准正态分布随机变量序列，显而易见，$R_m^{(1)}(\cdot)$ 是均值为 0、方差为 m 的正态分布函数，$R_m^{(2)}(\cdot)$ 是自由度为 m 的 χ^2 分布，$R_m^{(3)}(\cdot)$ 是自由度为 1 的 χ^2 分布，$R_m^{(4)}(x)=R_m^{(2)}[m(1+\sqrt{x})]-R_m^{(2)}[m(1-\sqrt{x})]$。

对于整数 $m\geqslant 1, i=1,2,\cdots,[T/m]$，有定义式（3.77）：

$$Y_{m,i}^{(p)}(\theta)=R_m^{(p)}(q_{m,i}^{(p)}(\theta))-\frac{1}{2}, p=1,2,3,4 \tag{3.77}$$

对于 $i=1,2,\cdots,[T/m], m\geqslant 1, p=1,2,3,4, Y_{m,i}^{(p)}(\theta_0)$ 在 $[-0.5,0.5]$ 形成 i. i. d 均匀分布随机变量序列。检验统计量将基于以下所构造的变量：

$$Z_{m,T}^{(p)}(\theta)=\frac{1}{\sqrt{m}[T/m]}\sum_{i=1}^{[T/m]}Y_{m,i}^{(p)}(\theta),p=1,2,3,4 \tag{3.78}$$

根据中心极限定理，$\sqrt{T}Z_{m,T}^{(p)}(\theta_0)$ 收敛于均值为0的正态随机变量，渐进方差也很容易计算。然而，我们并不知道 θ_0 的值，需要利用它的估计量 $\hat{\theta}_T$ 来计算 $Z_{m,T}^{(p)}(\theta)$。

第二步，模型设定检验的前提假设

对于 θ_0 的 $\sqrt{T}$ 一相合估计量 $\hat{\theta}_T$，需作出以下假设：

假设 3.1　对于由条件分布函数 $G_{t-1}(X_t;\theta_0)$ 控制的时间序列 $\{X_t:t=1,2,\cdots\}$，它的参数估计量 $\hat{\theta}_T$ 满足以下条件：

条件 3.1°　$\sqrt{T}(\hat{\theta}_T-\theta_0)=O_p(1)$。

条件 3.2°　对于任意有限整数 $m\geqslant 1$ 和 $p=1,2,3,4$，$\frac{\partial Z_{m,T}^{(p)}(\hat{\theta}_T)}{\partial\theta'}$ 依概率收敛于 $1\times k_\theta$ 的常向量。

现在定义不同 m 取值下 $\lim\limits_{T\to\infty}\sqrt{T}Z_{m,T}^{(p)}(\theta_0)$ 的方差—协方差矩阵。令该矩阵用 $A_{n\times n}^{(p)}$ 表示，它的 (i,j)- 元素 $a_{i,j}^{(p)}$ 计算如下：

$$a_{i,j}^{(p)}=\frac{\sqrt{ij}}{\kappa(i,j)}E\Big(\sum_{k=1}^{\kappa(i,j)/i}W_{i,k}^{(p)}\sum_{l=1}^{\kappa(i,j)/j}W_{j,l}^{(p)}\Big) \tag{3.79}$$

其中，

$$W_{m,l}^{(p)}=R_m^{(p)}\Big(\sum_{j=1}^{m}\varepsilon_{(i-1)*m+j}^{p}\Big)-\frac{1}{2},p=1,2$$

$$W_{m,l}^{(3)}=R_m^{(3)}\Big(\frac{1}{m}\Big(\sum_{j=1}^{m}\varepsilon_{(i-1)*m+j}\Big)^2\Big)-\frac{1}{2}$$

$$W_{m,l}^{(4)}=R_m^{(4)}\Big(\frac{1}{m^2}\Big(\sum_{j=1}^{m}\varepsilon_{(i-1)*m+j}^2-m\Big)^2\Big)-\frac{1}{2}$$

$\kappa(i,j)$ 是 i 和 j 的最小公倍数，$\{\varepsilon_t;t=1,2,\cdots\}$ 是 i. i. d 标准正态分布随机变量序列。请注意：$A_{n\times n}^{(p)}$不依赖于参数值，$A_{n\times n}^{(p)}$对角线元素总是相等且对于所有 i 都有 $a_{i,i}^{(p)}=1/12$。

第三步，检验统计量的构建及相关定理

关于模型设定检验统计量，Duan（2004）给出以下定理：

定理 3.1 设$A_{n\times n}^{(p)}$可逆且总满足假设 3.1，令$A_{n\times n}{}^{(p)1/2}$表示矩阵$A_{n\times n}^{(p)}$的 Cholesky 分解（这里作为下三角矩阵），$\|\cdot\|$是欧式距离。令$B_{n\times k_\theta}^{(p)}(\theta_0)$是由极限向量$\dfrac{\partial Z_{m,T}^{(p)}(\hat{\theta}_T)}{\partial\theta'}$组成的矩阵，其中$m=1, 2, \cdots, n$，$r$代表矩阵$B_{n\times k_\theta}^{(p)}(\theta_0)$的列秩。所以，对于$p=1, 2, 3, 4$且$n>r$，存在解$\alpha_{k\times n}^{(p)}$满足下式：

$$\alpha_{k\times n}^{(p)}A_{n\times n}{}^{(p)-1/2}B_{n\times k_\theta}^{(p)}(\theta_0)=0_{k\times k_\theta} \tag{3.80}$$

$$\alpha_{k\times n}^{(p)}\alpha_{k\times n}^{(p)}{}'=I_{k\times k} \tag{3.81}$$

那么，有：

$$J_T{}^{(p)}(\hat{\theta}_T)=T\left\|\alpha_{k\times n}^{(p)}A_{n\times n}^{(p)-1/2}\begin{bmatrix}Z_{1,T}^{(p)}(\hat{\theta}_T)\\ \vdots\\ Z_{1,T}^{(p)}(\hat{\theta}_T)\end{bmatrix}\right\|^2\xrightarrow{D}\chi^2(k) \tag{3.82}$$

其中，$k=n-r$。

这四个统计量从不同维度检验了模型设定。当$p=1$和 2 时，它检验了变换后残差（在假设模型中，残差项是 i. i. d 标准正态分布）的均值和方差是否得到正确设定；当$p=3$时，检验变换后的残差是否存在自相关；当$p=4$时，检验残差平方项是否存在自相关。通过观察这四个统计量，我们能从多个维度检验模型是否得到合理设定。Duan（2004）证实了该方法对模型设定的检验能力，这里不再重复。

3.4 实证研究

本节基于 2005－05－27 到 2007－11－16 沪深 300 指数 60 分钟数据（2 980 个）作实证分析。首先分析标准误差项的经验特征，然后利用

GJR-GARCH-Normal、GJR-GARCH-t、GJR-GARCH-GED、TGARCH-Normal、TGARCH-t、TGARCH-GED、GJR-GARCH-SDGH、TGARCH-SDGH、GJR-GARCH-GH、TGARCH-GH 等模型刻画金融收益率序列，估计模型参数，并使用 Duan（2004）提供的方法检验模型设定。其中，GJR-GARCH-Normal\\$t$\\GED 和 TGARCH-Normal\\$t$\\GED 模型设定检验依据段锦泉开发的程序包[①]；GJR-GARCH-GH、TGARCH-GH 用准极大似然法估计模型参数，在段锦泉的程序包中嵌入本章开发的 EM 算法，对模型设定进行检验。由于 GH 分布是一个庞大的分布族，本节使用它的四个重要子类：HYP 分布、NIG 分布、VG 分布和偏 t 分布作代表。

由于本章利用迭代算法估计 GH 分布参数，设第 k 步迭代时设模型参数为 θ_k，其中 EW，$EW1$ 和 LW 分别是 W，W^{-1} 和 $\ln W$ 的条件期望[②]。

$$\theta_k = \{\lambda_k, \chi_k, \psi_k, \mu_k, \Sigma_k, \gamma_k, EW_k, EW1_k, LW_k\}$$

我们设置收敛条件设置如下：

$$D_k = \max[(\theta_{k+1} - \theta_k)./\theta_k] < \mathrm{tol}$$

其中，“./”（点除）代表向量对应位置的元素相除，tol 为设定的容忍度，本章设为 0.005。

这里需注意三种特殊情况：

(1) 估计一般 GH 分布（$\chi > 0$ 且 $\psi > 0$）参数，λ 是固定值。

(2) 估计 VG 分布参数，$\chi = 0$。

(3) 估计偏 t 分布参数，$\psi = 0$。

对以上三种情况，可相应去掉 θ 内的参数 λ、χ 和 ψ，因为在迭代过程中它们是固定值，不发生改变。

---

① 该程序包基于 Duan（2004）编制，所有权归段锦泉所有，由 Andras Fulop 编写程序代码，在此向作者表达谢意！

② W 是服从 GIG 分布的随机变量，GIG 分布是 GH 分布的混合函数。关于本书参数估计使用的 EM 算法及各符号含义，参见第二章。

3.4.1 标准误差项GH分布拟合及K-S检验

本节利用ARMA、ARMA-GARCH-Normal、ARMA-GARCH-t[①]等模型“过滤”收益率样本数据，并检验“过滤后”的标准误差项样本是否满足独立同分布假设。在标准误差项独立同分布基础上，用标准GH分布拟合样本并对拟合效果用K-S统计量作初步分析，3.4.2节则利用Duan（2004）提供的方法作更为全面的模型设定检验，并观测GH分布假设的引入是否提高了模型刻画时间序列的能力。[②] 下面以沪深300指数2005-05-27到2007-11-16期间的60分钟收益率数据作样本，按照金融时间序列分析的逻辑顺序，列出分析的步骤和相应结果。

第一步，计算收益率样本均值、标准差、偏度和峰度指标，并利用核密度估计[③]经验拟合收益率概率密度函数。经验统计量指标和图3—1都表明收益率数据具有尖峰、负偏度和厚尾特征，图3—2还显示收益率序列具有很强的长期记忆性。

$$\text{Mean}=6.08\times10^{-4},\text{Std}=0.0078,\text{Skewness}=-0.5742,$$
$$\text{Kurtosis}=9.7141$$

第二步，利用ARMA模型过滤收益率数据。我们使用了ARMA（1，1）和ARMA（2，2）模型过滤样本数据，对过滤后的误差项进行ARCH效应检验[④]，均拒绝零假设，表明误差项存在明显的异方差。

第三步，利用ARMA-GARCH模型过滤收益率数据。我们使用了12种具有代表性的ARMA-GARCH模型，利用Matlab 7.0.4提供的garchfit()函数过滤样本数据，并对过滤后的标准误差项进行ARCH效应检

① 本书采用Matlab 7.0 GARCH工具箱进行初步数据分析，GARCH模型设置中包含了GARCH、GJR-GARCH和EGARCH模型。

② 衡量指标就是观察引入GH分布假设后模型是否能够更好地通过Duan（2004）设计的检验体系。

③ 利用高斯核函数，带宽$h=0.0012$。

④ 利用Matlab软件中的archtest（）函数，检验样本数据是否满足独立同分布假设。

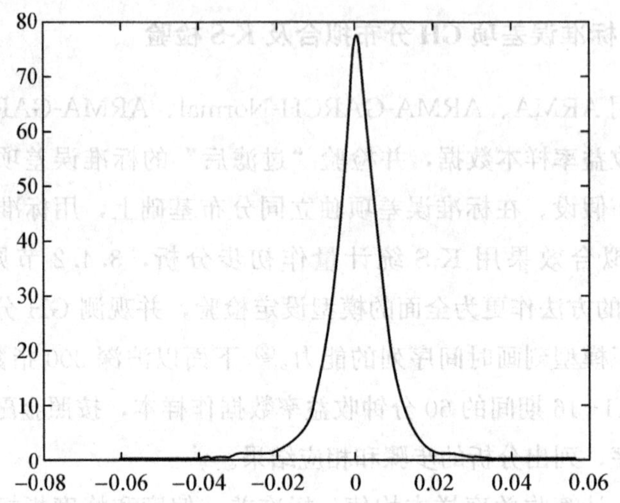

图 3—1　沪深 300 指数收益率数据概率密度函数的核密度估计图

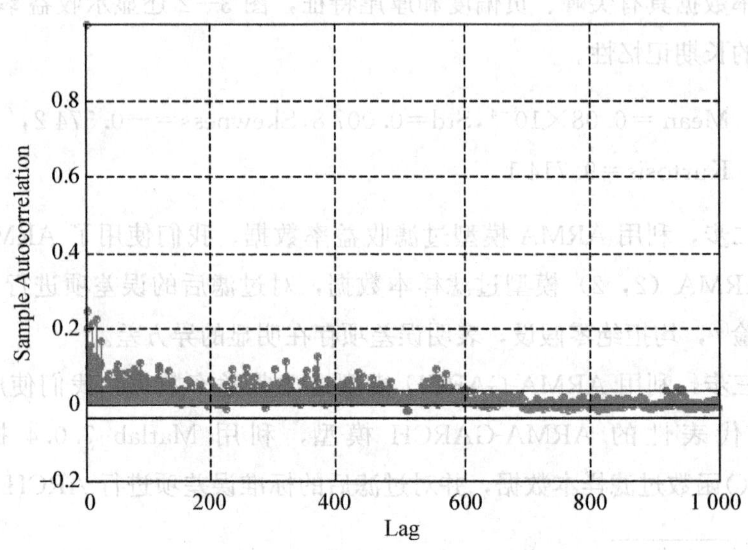

图 3—2　收益率平方项的自相关函数图

验，所得到的 p 值列于表 3—1。设显著性水平为 5%，表 3—1 中加粗数据表示不能通过 ARCH 效应检验。

表 3—1　标准误差项 ARCH 效应检验得到的 p 值①

Lags	ARMA (1, 1)-GARCH (1, 1)-Normal			ARMA (1, 1)-GARCH (1, 1)-*t*		
	GARCH	GJR	EGARCH	GARCH	GJR	EGARCH
1	**0.000 8**	**0.007 3**	**0.015 1**	**0.022 5**	0.286 9	0.267 4
2	**0.003 5**	**0.026 8**	**0.047 0**	0.069 4	0.463 8	0.440 4
3	**0.009 5**	0.057 7	0.074 6	0.108 3	0.484 2	0.379 7
4	**0.022**	0.112 6	0.132 9	0.177 2	0.574 4	0.401
5	**0.011 8**	0.113 5	0.068 9	0.162 3	0.686 5	0.065 3
6	**0.023 0**	0.178 8	0.086 6	0.211 3	0.754 7	0.105 6
7	**0.029**	0.227 9	0.097	0.189 2	0.697 6	0.093
8	**0.038 9**	0.262	0.109 7	0.263 5	0.789 1	0.131 2
9	**0.043 9**	0.300 5	0.140 4	0.245 9	0.778 6	0.126 2
10	**0.048 3**	0.357 1	0.107 4	0.298 1	0.845 8	0.068 4
Lags	ARMA (2, 2)-GARCH (2, 2)-Normal			ARMA (2, 2)-GARCH (2, 2)-*t*		
	GARCH	GJR	EGARCH	GARCH	GJR	EGARCH
1	0.052 4	0.052 4	0.052 4	0.191 8	0.578 8	0.898 4
2	0.077 3	0.077 3	0.077 3	0.363 4	0.851 8	0.529 1
3	0.144 7	0.144 7	0.144 7	0.456 9	0.821 4	0.580 9
4	0.237 5	0.237 5	0.237 5	0.625 1	0.919 1	0.734 6
5	0.111 1	0.111 1	0.111 1	0.753	0.958	0.828 1
6	0.170 3	0.170 3	0.170 3	0.831 3	0.979 7	0.897 8
7	0.205 6	0.205 6	0.205 6	0.792 5	0.960 1	0.941
8	0.231 5	0.231 5	0.231 5	0.831 1	0.975 2	0.508 7
9	0.255 1	0.255 1	0.255 1	0.859 7	0.984 9	0.605
10	0.219 8	0.219 8	0.219 8	0.904 8	0.993 4	0.594 9

第四步，拟合标准误差项样本。根据 QMLE 理论，即使误差项不服从高斯分布，也可以利用高斯假设估计 GARCH-M 模型参数，且参数估计值与真实值具有相合性，它们之间的误差具有渐进正态性。利用 QMLE 法估计模型参数后，还需检验标准误差项数据是否具有 ARCH 效应（结果见表 3—1）。显然，ARMA (1, 1)-GJR-GARCH (1, 1)-*t* 等 8 个模型完全通过了 ARCH 效应检验，即这些模型产生的标准误差项是独立同分布数据。图 3—3是通过 ARCH 效应检验模型的标准误差平方项的自相关函数图，可

① 实际中我们尝试了更多参数设置方式，由于篇幅限制只列出其中具有代表性的 12 种设置方式的结果。

直观说明标准误差项的互相独立性。此外，过滤后标准误差项数据显然不再具有长期记忆性。

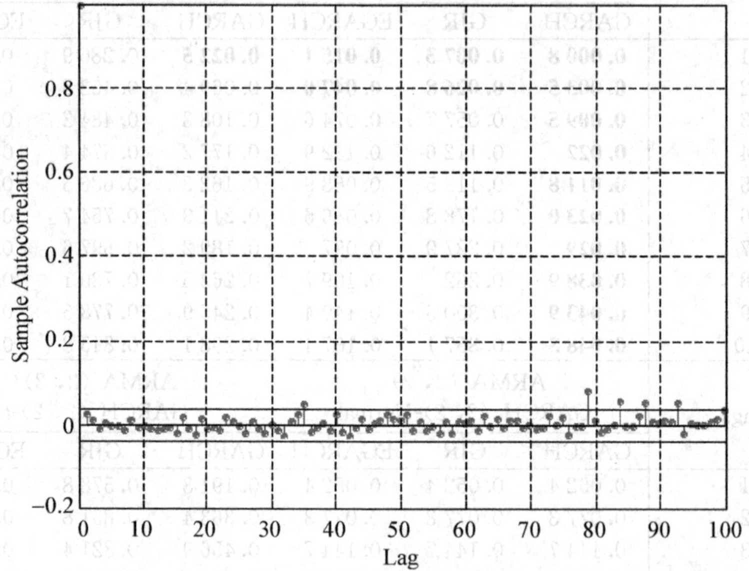

图 3—3　ARMA（2，2）-GARCH（2，2）-Normal 模型标准误差平方项自相关函数图

即使标准误差项数据满足独立同分布特征，它们的真实分布与假设分布是否一致呢？如果不一致，它们又应该用什么分布来精确拟合呢？下面就来分析它们的经验统计量：均值、方差、偏度和峰度值。结果列于表 3—2。

表 3—2　　标准误差项统计量

模型＼统计量	均值	标准差	偏度	峰度
模型 1	−0.016 9	1.002 8	−0.838 6	8.025
模型 2	−0.029 8	1.002 7	−0.858 5	8.022 2
模型 3	0.007 3	1.002 4	−0.620 2	6.652 3
模型 4	0.018 6	1.002 6	−0.630 5	6.282 3
模型 5	0.047 6	1.001 3	−0.636 9	6.155 7
模型 6	−0.025 4	0.998	−0.733 9	7.129 2
模型 7	−0.019 4	1.004 5	−0.842	7.856 2
模型 8	−0.008 7	1.002 2	−0.589 1	6.585

注：模型 1 到模型 8 是指表 3—1 中通过 ARCH 效应检验的 ARMA（1，1）-GJR-GARCH（1，1）-t、ARMA（1，1）-EGARCH（1，1）-t 等模型，并按照从左到右、先上后下的顺序排列。

从表3—2可以看出，标准误差项样本表现出明显的尖峰、负偏度特征。由于正态分布偏度为0、峰度为3，而t分布偏度为0，因此都不适于拟合标准误差项样本数据。下面我们基于K-S检验①定量比较标准正态分布、标准t分布、GED分布、标准GH等分布对标准误差项的拟合优度，表3—3列出了检验结果。

表3—3　模型标准误差项拟合分布K-S统计量（临界值0.024 8）

模型＼分布	标准正态	标准t	GED	标准HYP	标准NIG	标准VG	标准偏t
模型1	**0.053 9**	**0.042 3**	0.023 8	**0.047 6**	0.022 4	0.021 9*	0.022 9+
模型2	**0.050 5**	**0.038 2**	0.022 8	**0.048 1**	0.018 4	0.018 2*	0.017 5+
模型3	**0.060 2**	**0.047 7**	**0.032 8**	**0.047 1**	0.009 6	0.014 3*	0.027 3+
模型4	**0.063 5**	**0.054 2**	**0.038 8**	**0.046 8**	0.013 9	0.015 4*	0.021 3+
模型5	**0.076 5**	**0.068 1**	**0.053 0**	**0.057 4**	0.024 8*	0.028 2*	**0.032 1**
模型6	**0.050 5**	**0.039 2**	0.019 3	**0.046 5**	0.017 1	0.017 9*	0.019 7+
模型7	**0.051 5**	**0.040 7**	0.022 3	**0.044 4**	0.017 1	0.017 2*	0.021 3+
模型8	**0.052 1**	**0.041 2**	**0.025 2**	**0.037 6**	0.014 0	0.013 7*	0.014 8+

注：①K-S统计量越小说明拟合效果越好，临界值为0.024 8，小于该值即为通过。

②容忍度设置为0.5%；最大迭代步数为100次；“*”代表算法未能在规定步数内实现收敛；“+”代表算法因报错而无法收敛，相应K-S统计量是50次迭代的结果。

从表3—3中可以看出：标准NIG分布、标准VG分布和标准偏t分布都较好拟合了8个模型产生的标准误差项样本，而标准正态分布、标准t分布、标准HYP分布拟合程度较差，GED分布有不错的拟合表现，但不够稳定。值得注意的是，尽管标准VG分布和标准偏t分布较好拟合了标准误差项样本数据，但在迭代过程中参数都不能实现收敛。特别是偏t分布，迭代中λ趋向于大于-2，导致算法在迭代50步后屡屡报错终止（表3—3中

① K-S检验的优点是统计量本身不依赖于具体的累积分布函数，另外它可以给出一个精确的检验量。局限性表现在：(1)只能应用于连续分布；(2)统计量受分布中心部分影响更大，对分布尾部不够敏感；(3)要求待检验分布参数事先完全给定。虽然Anderson-Darling拟合优度检验（即A-D检验）克服了K-S检验的某些缺陷，但是它仅适用于很少几种分布，比如正态分布、对数正态分布、韦伯分布和I类极值分布等。因为GH分布是连续分布，参数也是事先给定，非常符合K-S检验的使用条件，所以用K-S统计量作为拟合优度检验指标。

标准偏 t 分布的 K-S 统计量是 50 步迭代时的结果）。因此，下一部分仅利用标准 NIG 分布和标准 VG 分布拟合标准误差项数据，并与标准正态分布、标准 t 分布和 GED 分布进行对比。

为了形象说明以上结论，我们以 ARMA（2，2)-GARCH（2，2)-Normal 模型为例，用标准正态分布、标准 t 分布、GED 分布拟合该模型产生的标准误差项（见图 3—4)。在图 3—5 中，我们分别利用 GH 分布的四个子类：标准 HYP 分布、标准 NIG 分布、标准 VG 分布和标准偏 t 分布拟合标准误差项。

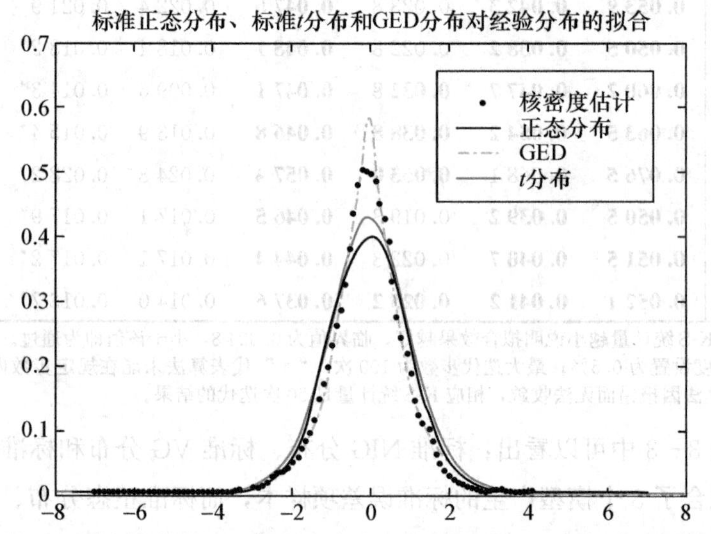

图 3—4 ARMA（2，2)-GARCH（2，2)-Normal 模型标准误差项拟合图

3.4.2 标准 GH 分布假设下的模型设定检验

下面用 Duan（2004）的方法对沪深 300 指数 60 分钟数据作更为全面的模型设定检验。设显著性水平为 5%，采用双边假设检验，即当统计量 J 的 p 值小于 2.5%或大于 97.5%时，拒绝原假设；当 $2.5\%\leqslant p\leqslant 97.5\%$时，不能拒绝原假设，可认为统计量通过该检验。

首先检验 GARCH（1，1）模型。经验表明：在正态分布假设下，该模型刻画金融时间序列的能力较弱。检验目的：观察 GH 分布假设引入误差

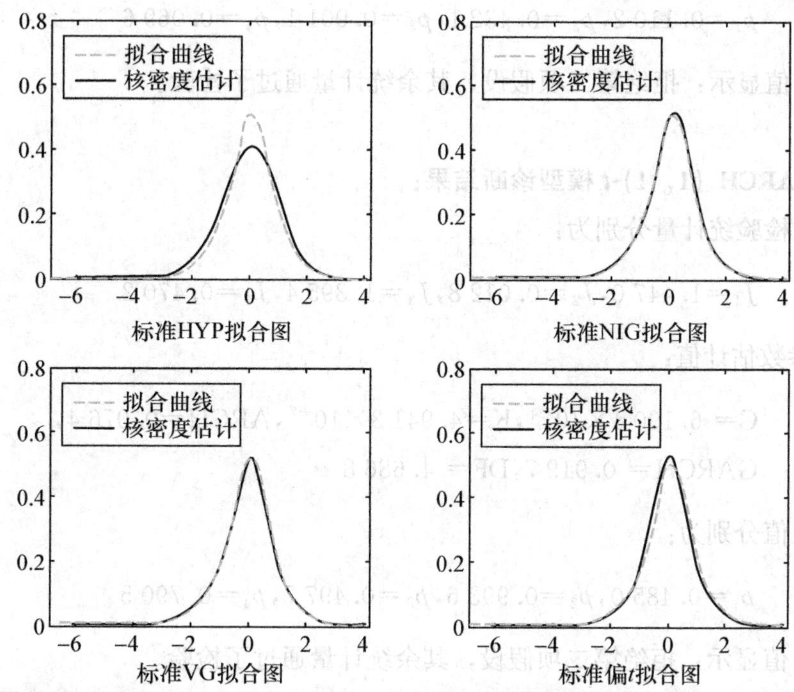

图 3—5 ARMA（2，2）-GARCH（2，2）-Normal 模型标准误差项的分布拟合

项，是否提高了模型对金融时间序列的刻画能力。

GARCH（1，1）-Normal 模型诊断结果：

J 检验统计量分别为：

$$J_1=4.4106, J_2=1.6783, J_3=13.6931, J_4=5.3293$$

参数估计值①：

$$C=4.1969\times10^{-4}, K=2.0\times10^{-7}, ARCH=0.0492,$$
$$GARCH=0.9496$$

p 值分别为：

① 参数符号的含义：C 是条件均值常数项，K 是条件方差常数项，ARCH 为 ARCH 项系数，GARCH 为 GARCH 项系数，DF 为自由度。

$$p_1=0.1102, p_2=0.4321, p_3=0.0011, p_4=0.0696$$

p 值显示：拒绝第三项假设，其余统计量通过了检验。

GARCH（1，1）-*t* 模型诊断结果：

J 检验统计量分别为：

$$J_1=1.4470, J_2=0.0128, J_3=1.3954, J_4=0.4702$$

参数估计值：

$$\text{C}=6.1904\times10^{-4}, \text{K}=4.9413\times10^{-7}, \text{ARCH}=0.0764,$$
$$\text{GARCH}=0.9197, \text{DF}=4.6868$$

p 值分别为：

$$p_1=0.4850, p_2=0.9936, p_3=0.4977, p_4=0.7905$$

p 值显示：拒绝第二项假设，其余统计量通过了检验。

GARCH（1，1）-NIG 模型诊断结果：（运行时间 4 014.4 秒）

J 检验统计量分别为：

$$J_1=3.3391, J_2=1.8276, J_3=6.0291, J_4=1.4095$$

GARCH 模型参数：

$$\text{C}=4.1969\times10^{-4}, \text{K}=2.0\times10^{-7}, \text{ARCH}=0.0492,$$
$$\text{GARCH}=0.9496$$

标准 NIG 参数：

$$\lambda=-0.5, \chi=1.1321, \psi=1.2065, \mu=0.1960, \sigma^2=0.9965,$$
$$\gamma=-0.2019$$

p 值：

$$p_1=0.1883, p_2=0.4010, p_3=0.0491, p_4=0.4942$$

p 值显示：四个统计量均通过检验。

诊断结果显示：NIG 分布假设显著改善了原模型对收益率序列的刻画能力，其表现优于正态分布和 t 分布。为验证以上结论，本章对另两类模型做了实证，结果列于表 3—4。

表 3—4　　GJR-GARCH 和 TGARCH 不同误差项假设下的 p 值

模型	假设分布	p_1	p_2	p_3	p_4
GJR-GARCH（1，1）	Normal	**0.007 8**	**0.000 1**	0.871 9	**0.000 5**
	t	0.039 7	0.853 2	**0.016 8**	0.614 7
	GED	0.952 9	0.351 8	**0.001 0**	0.394 7
	NIG	0.797 2	0.723 0	**0.003 4**	0.363 1
	VG	0.627 8	0.288 1	0.311 0	0.213 1
TGARCH（1，1）	Normal	**0.001 7**	**0.000 0**	0.813 2	0.477 7
	t	0.754 2	0.885 4	**0.007 6**	0.351 6
	GED	0.784 6	0.445 6	**0.000 0**	0.422 7
	NIG	0.920 5	0.434 9	0.095 7	0.908 4
	VG	0.873 5	0.124 7	**0.005 8**	0.377 2

注：黑体为不能通过 5%水平下双边假设检验的数据。

从表 3—4 中可以看出：在 GJR-GARCH（1，1）模型中，NIG 和 VG 分布假设显著改善了模型设定检验统计量，其中 VG 分布能够完全通过四项检验；在 TGARCH（1，1）模型中，NIG 分布假设显著改善了模型设定检验统计量，能够连续通过四项检验。由于 NIG 分布和 VG 分布均属于 GH 分布子类，因此我们可以得出如下结论：GH 分布引入误差项假设，显著改善了模型对金融时间序列的刻画能力。

3.4.3　金融收益率序列的模拟和比较

完成模型的设定和参数估计之后，还可以用蒙特卡罗模拟法直观检验模型。具体来说，就是根据估出的模型参数生成新的金融时间序列，通过比较模拟序列和真实序列的统计指标，对比模型的优劣。本节将基于 AR-MA（2，2）-GARCH（2，2）模型，在正态分布、t 分布和 NIG 分布假设下，模拟多条金融收益率序列，从偏度、峰度两个方面①检验模拟序列与真实序列的吻合程度。

真实序列主要统计量：

Mean$=6.08\times10^{-4}$，Std$=0.0078$，Skewness$=-0.5742$，

Kurtosis$=9.7141$

模拟序列的产生方法如下：

第一步，利用真实序列估计 ARMA（2，2）-GARCH（2，2）-Normal 模型参数。

第二步，利用估计出的参数模拟时间序列。本章设定模拟路径为 100 条，模拟样本数 3 480 个，去掉前 500 个样本（为了消除初始值的影响），剩余样本数 2 980 个。

第三步，计算模拟序列的偏度和峰度统计量。

ARMA(2,2)-GARCH(2,2)-t 和 ARMA(2,2)-GARCH(2,2)-NIG 用同样方法各模拟 100 条金融收益率序列。偏度和峰度结果绘于图 3—6 至图 3—11 中。

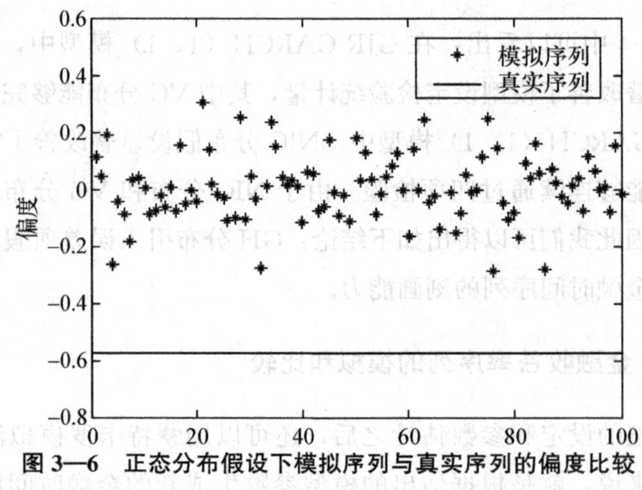

图 3—6 正态分布假设下模拟序列与真实序列的偏度比较

① 各种模型产生的模拟序列在均值和标准差方面都与真实序列有较好吻合，所以不再绘出分布图。

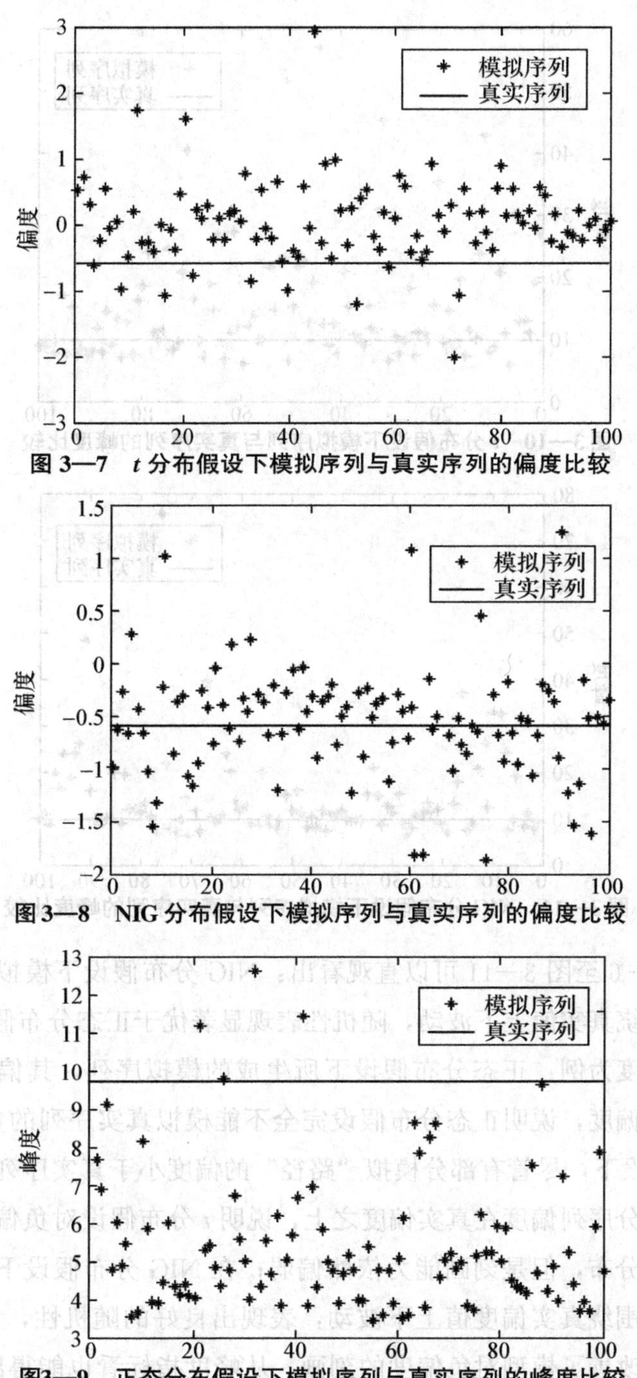

图 3—7 *t* 分布假设下模拟序列与真实序列的偏度比较

图 3—8 NIG 分布假设下模拟序列与真实序列的偏度比较

图3—9 正态分布假设下模拟序列与真实序列的峰度比较

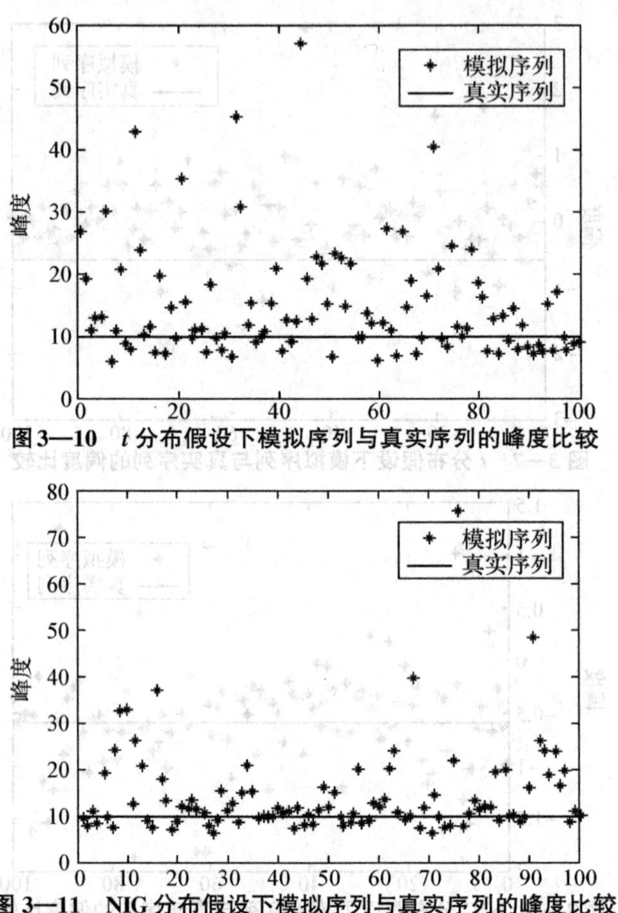

图 3—10　t 分布假设下模拟序列与真实序列的峰度比较

图 3—11　NIG 分布假设下模拟序列与真实序列的峰度比较

从图 3—6 至图 3—11 可以直观看出：NIG 分布假设下模拟序列的偏度和峰度都围绕真实值上下波动，随机性表现显著优于正态分布假设和 t 分布假设。以偏度为例：正态分布假设下所生成的模拟序列，其偏度均明显大于实际序列偏度，说明正态分布假设完全不能模拟真实序列的负偏度特征；在 t 分布假设下，尽管有部分模拟"路径"的偏度小于真实序列，但从分布上看，大部分序列偏度在真实偏度之上，说明 t 分布假设对负偏度的刻画虽然优于正态分布，但是刻画能力依然偏弱；在 NIG 分布假设下，模拟"路径"偏度值围绕真实偏度值上下波动，表现出良好的随机性，说明 NIG 分布假设显著改善了模型对负偏度的刻画。从峰度指标看也能得出类似结论：

NIG 分布假设显著改善了原模型对真实序列峰度的刻画能力。

特别需要指出的是：ARMA-GARCH-NIG 模型是用准极大似然法估计的参数，除了分布假设的区别外，其他参数与 ARMA-GARCH-Normal 模型完全相同。这有力地表明：GH 分布引入新息分布假设中，显著增强了模型对金融时间序列的刻画能力。

3.5 小结

目前世界上已有的波动率建模方法可归入三类：第一，ARCH/GARCH 类模型，它们以离散形式刻画了金融时间序列波动率，主要应用于频率较低的金融数据。第二，随机波动（SV）模型，以连续形式刻画金融时间序列，如几何布朗运动。第三，已实现波动率建模，利用高频数据预测低频数据波动率（比如以 5 分钟数据计算日波动率），能够非常精确地“拟合”出历史波动率，既可以作为其他方法的检验，自身也可应用于波动率预测。

在金融时间序列波动率建模方法中，ARCH/GARCH 模型无论在理论上还是在实践中都得到广泛应用。本章回顾了主要 GARCH 类模型，以“程式化现象”为线索对已有 GARCH 类模型作了梳理和综述，其中包括模型设置、参数估计和模型检验等领域。理论上广义双曲线分布可以应用于所有类型的 GARCH 模型，以替代原有的新息项分布假设。本章出于建模的方便性选择了 ARMA-GARCH、GJR-GARCH、TGARCH、EGARCH 等常用模型，在同样模型设定下比较了正态分布、t 分布、GH 分布对标准误差项的拟合能力，以 Duan（2004）中的方法检验了分布假设对模型设定的影响，在不同分布假设下对比了模拟序列和真实序列的偏度、峰度统计量。通过以上研究，得到如下结果：

第一，通过对标准误差项样本拟合优度的比较，发现标准 GH 分布（除标准 HYP 外）很好地拟合了样本数据，拟合水平显著优于标准正态分布、标准 t 分布和 GED 分布，其中又以标准 NIG 分布拟合效果最佳。

第二，基于 Duan（2004）方法进行模型设定检验时，VG 分布和 NIG 分布假设显著改善了模型的统计指标。在同样模型设定下，使用正态分布、t 分布和 GED 分布假设都无法完全通过四项检验时，NIG 分布或 VG 分布则能够完全通过四项检验。

第三，相同设置的 ARMA-GARCH 模型下，分别基于正态分布和 t 分布假设估计模型参数，在此基础上基于不同新息分布假设模拟收益率序列。其中，NIG 分布假设下模拟得到的收益率序列很好地刻画了真实收益率序列的偏度和峰度特征，其表现显著优于正态分布假设和 t 分布假设。

4.1 广义双曲线扩散过程

先介绍本节用到的几个重要概念[①]和注意事项。

（Ⅰ）遍历性（ergodic）和遍历过程

具有不变测度μ的随机过程$\{X_t, t \in T\}$，如果对任意$g \in L^1(\mu)$，有：

$$\frac{1}{t}\int_0^t g(X_s)\mathrm{d}s \xrightarrow{\text{a.s.}} \int g\mathrm{d}\mu$$

且随着$T \to \infty$，X_T弱收敛于μ，则称$\{X_t, t \in T\}$具有遍历性或各态历经性，称X是遍历过程。随着$T \to \infty$，遍历性使我们能够“复原”随机过程的某些特征，如长期均值等。

① 注意：这里的概念是为了帮助阅读本书，并非严格意义上的定义。

（Ⅱ）边际分布和边际密度函数

对于随机过程 $\{X_t, t \in T\}$，其样本函数为 x_t，x_t 所服从的分布称为随机过程的边际分布；边际分布的概率密度函数，称为边际密度函数。

（Ⅲ）平稳分布（stationary distribution）和平稳密度函数

对于随机过程 $\{X_t, t \in T\}$，其样本函数为 x_t，当 $t \to \infty$ 时 x_t 所服从的分布称为随机过程的平稳分布；平稳分布的概率密度函数，称为平稳密度函数。

（Ⅳ）注意事项

本章中 $\mu(X_t, \theta)$、$\sigma(X_t, \theta)$ 代表函数，μ、σ 代表常数。

4.1.1 广义双曲线扩散过程的构建

假设资产价格为 S_t，X_t 是状态变量，资产价格和状态变量存在以下一般表达式：

$$S_t = \exp(X_t + kt) \tag{4.1}$$

其中，k 是常漂移系数[①]。在 $\mathrm{I} = (l, r) \in R$ 上，存在以下随机微分方程：

$$\mathrm{d}X_t = \mu(X_t, \theta)\mathrm{d}t + \sigma(X_t, \theta)\mathrm{d}W_t \tag{4.2}$$

其中，W_t 是标准布朗运动，$\mu(\cdot, \cdot)$ 和 $\sigma(\cdot, \cdot)$ 是已知函数，$\mu: \mathrm{I} \mapsto \mathrm{I}$，$\sigma: \mathrm{I} \mapsto \mathrm{I}$，$\theta$ 是未知的参数向量。

根据伊藤公式，有下式成立：

$$\mathrm{d}S_t = S_t\left(k + \mu(X_t, \theta) + \frac{1}{2}\sigma^2(X_t, \theta)\right)\mathrm{d}t + S_t\sigma(X_t, \theta)\mathrm{d}W_t \tag{4.3}$$

显然，如果 $\mu(X_t, \theta)$ 和 $\sigma(X_t, \theta)$ 是常数，那么公式（4.3）就是推导 B-S 公式所用的几何布朗运动。

下面介绍两种具有特定边际密度函数扩散过程的构造方式。

第一种方法来自 Rydberg（1999），该构建方法假设式（4.2）中扩散系

① 也有文献把 k 设置为零，这样 X 就有更为直观的意义：对数收益率。

数为零，基于该方法可以构建边际密度函数不变且等于广义双曲线密度函数的扩散过程，Bibby & Sorensen（1997）所构建的双曲线扩散过程是它的特例。

第二种构建方法由 Bibby，Skovgaard & Sorensen（2005）完成，该方法不仅能够为特定边际密度函数构造扩散过程，而且能构造出特定的自相关函数。

这两种构造方法本质上是相同的。Rydberg（1999）以规模测度（scale measure）和速度测度（speed measure）为工具，证明了公式（4.2）存在唯一平稳密度函数，并给出平稳密度函数的表达式。Bibby，Skovgaard & Sorensen（2005）尽管使用了另一种证明方法，但它的结论同样可以借助规模测度、速度测度工具得到。关于规模测度和速度测度的详细内容，参见 Karlin & Taylor（1981）。

令随机微分方程（4.2）定义在 $\mathrm{I}=(l,r)\in R$ 上，即 $X_t\in\mathrm{I}$。那么该随机微分方程规模测度的概率密度函数如下：

$$s(x,\theta)=\exp\left(-2\int_c^x\frac{\mu(z,\theta)}{\sigma^2(z,\theta)}\mathrm{d}z\right) \tag{4.4}$$

其中，c 是区间 (l,r) 上的内点。

速度测度的概率密度函数如下：

$$m(x,\theta)\doteq\frac{1}{\sigma^2(x,\theta)s(x,\theta)} \tag{4.5}$$

如果 r 和 l 是 Feller-entrance 边界（Feller-entrance Boundaries），那么存在唯一平稳密度函数，其形式如下：

$$\psi(x,\theta)=\frac{m(x,\theta)}{\int_l^r m(z,\theta)\mathrm{d}z} \tag{4.6}$$

基于公式（4.2）、公式（4.4）和公式（4.6），我们可以得到 Rydberg（1999），Bibby，Skovgaard & Sorensen（2005）构建广义双曲线扩散过程的主要结论。

（一）Rydberg（1999）的构建方式

令：

$$\mu(x,\theta)=0,\ \sigma^2(x,\theta)=\frac{1}{f(x)} \tag{4.7}$$

其中，$f(x)$ 是定义在实数域上的概率密度函数，满足 $1/f(x)>0$ 。

把公式（4.7）代入公式（4.4）、公式（4.5），可以得到如下结果：

$$\int_0^{\infty} s(x,\theta)\mathrm{d}x=\int_{-\infty}^{0} s(x,\theta)\mathrm{d}x=\infty \tag{4.8}$$

且

$$m(x,\theta)=f(x) \tag{4.9}$$

公式（4.8）和公式（4.9）意味着由 $\mu(X_t,\theta)$ 和 $\sigma(X_t,\theta)$ 给定的扩散过程具有遍历性，把公式（4.9）代入公式（4.6），可得到它的平稳密度函数如下：

$$\psi(x,\theta)=f(x) \tag{4.10}$$

也就是说，**随机微分方程（4.2）具有唯一解 X，且 X 具有不随时间而变化的概率密度函数 $f(x)$，称 $f(x)$ 为随机微分方程（4.2）的平稳密度函数。**

当 $f(x)$ 是广义双曲线概率密度函数时，方程（4.2）就成为广义双曲线扩散过程。本章基于 $(\lambda,\alpha,\beta,\mu,\delta)$ 参数体系表示广义双曲线分布，概率密度函数如下。注意：为了与公式（4.23）中表示分布均值的 μ 相区别，这里采用 μ_1 代替 $(\lambda,\alpha,\beta,\mu,\delta)$ 体系中的 μ 。

$$\begin{aligned} f_{\mathrm{GH}}(x;\lambda,\alpha,\beta,\mu_1,\delta)=&\ a(\lambda,\alpha,\beta,\delta)[\delta^2+(x-\mu_1)^2]^{(\lambda-0.5)/2}\\ &\times K_{\lambda-0.5}(\alpha\sqrt{\delta^2+(x-\mu_1)^2})\exp(\beta(x-\mu_1)) \end{aligned}$$

其中，$a(\lambda,\alpha,\beta,\delta)=\dfrac{(\alpha^2-\beta^2)^{\lambda/2}}{\sqrt{2\pi}\alpha^{\lambda-1/2}\delta^{\lambda}K_{\lambda}(\delta\sqrt{\alpha^2-\beta^2})}$，$K_\lambda$ 是第三类修正贝塞尔函数。

参数满足以下约束：

当 $\lambda>0$ 时，$\delta\geqslant0$，$|\beta|<\alpha$；

当 $\lambda=0$ 时，$\delta>0$，$|\beta|<\alpha$；

当 $\lambda<0$ 时，$\delta>0$，$|\beta|\leqslant\alpha$。

GH（λ，χ，ψ，μ，σ，γ）和 GH（λ，α，β，μ，δ）参数体系之间存在以下关系：

$$\beta=\gamma,\delta=\sqrt{\chi},\alpha=\sqrt{\psi+\beta^2}$$

本章在 GH（λ，α，β，μ，δ）体系下定义广义双曲线分布的主要子类。

主要结论：当 $f(x)$ 是广义双曲线概率密度函数时，方程（4.2）可以构建出如下重要模型：

（1）当 $\lambda=1$，$\delta>0$，$|\beta|<\alpha$ 时，方程（4.2）是双曲线扩散过程，即 Bibby & Sorensen（1997）所构建模型；

（2）当 $\lambda=-0.5$，$\delta>0$，$|\beta|<\alpha$ 时，方程（4.2）是正态逆高斯扩散过程；

（3）当 $\lambda>0$，$\delta=0$，$|\beta|<\alpha$ 时，方程（4.2）是方差伽玛扩散过程；

（4）当 $\lambda<0$，$\delta>0$，$|\beta|=\alpha$ 时，方程（4.2）是偏 t 扩散过程。

构造平稳分布为 $f(x)$ 的方式并不唯一。基于扩散系数 $\sigma(X_t,\theta)$ 设置 $\mu(X_t,\theta)$ 也能得到平稳分布是 $f(x)$ 的扩散过程，Bibby & Sorensen（2001）提供的扩散过程构造方法正是基于这一思想。

（二）Bibby，Skovgaard & Sorensen（2005）的构建方式

定理 4.1 令 $\mu(X_t,\theta)$ 是定义在 (l,r) 上的漂移系数，并且存在点 $c\in(l,r)$，当 $l<x<c$ 时，$\mu(X_t,\theta)>0$，当 $c<x<r$ 时，$\mu(X_t,\theta)<0$。设 f 是 (l,r) 上严格为正的连续概率密度函数，如果 $\mu(X_t,\theta)$ 满足条件 (4.11)：

$$\int_l^r \mu(x,\theta)f(x)\mathrm{d}x=0 \tag{4.11}$$

并且函数 $\mu(x,\theta)f(x)$ 在 (l,u) 上连续、有界，则对于所有 $l<x<r$，有：

$$\sigma^2(x,\theta)=\frac{2\int_l^x \mu(y,\theta)f(y)\mathrm{d}y}{f(x)}>0 \tag{4.12}$$

那么，随机微分方程（4.2）有唯一马尔可夫弱解，且解是具有不变密度函数 f 的遍历解。

证明：

令

$$g(x,\theta)=2\int_l^x \mu(y,\theta)f(y)\mathrm{d}y \tag{4.13}$$

根据公式（4.12），有：

$$g(x,\theta)=f(x)\sigma^2(x,\theta) \tag{4.14}$$

根据 $\mu(X_t,\theta)$ 的性质，可知：在 $l<x<r$ 上，$g(x,\theta)>0$；在两个端点处 $g(x,\theta)=0$。

由规模测度密度函数定义（4.4）：

$$s(x,\theta)=\exp\left(-2\int_c^x \frac{\mu(z,\theta)}{\sigma^2(z,\theta)}\mathrm{d}z\right)=\exp\left(-2\int_c^x \frac{\mu(z,\theta)f(z)}{\sigma^2(z,\theta)f(z)}\mathrm{d}z\right)$$

因为：

$$\begin{aligned}&-2\int_c^x \frac{\mu(z,\theta)f(z)}{\int_l^z \mu(y,\theta)f(y)\mathrm{d}y}\mathrm{d}z\\&=-2\int_c^x d\ln\int_l^z \mu(y,\theta)f(y)\mathrm{d}y\\&=-2\ln\int_l^x \mu(z,\theta)f(z)\mathrm{d}z+2\ln\int_l^c \mu(z,\theta)f(z)\mathrm{d}z\end{aligned}$$

所以，有下式成立：

$$s(x,\theta)=g(c,\theta)/g(x,\theta) \tag{4.15}$$

把式（4.15）代入速度测度的密度函数（4.5），有：

$$m(x,\theta)=\frac{g(x,\theta)}{\sigma^2(x,\theta)g(c,\theta)}=\frac{f(x)}{g(c,\theta)} \tag{4.16}$$

如果 r 和 l 是 Feller-entrance 边界，把式（4.16）代入式（4.6），那么存在扩散过程 X 存在唯一平稳密度函数，其等于 $f(x)$：

$$\psi(x,\theta)=\frac{m(x,\theta)}{\int_l^r m(z,\theta)\mathrm{d}z}=f(x) \tag{4.17}$$

证毕。

本书证明方法与 Bibby et al.（2005）略有不同，但本质上一样，因此能够得到相同结论。首先，Bibby et al.（2005）针对 $\mu(X_t,\theta)=-\theta(X_t-\mu)$ 这一特例，本书则把它拓展到更为一般的情况；其次，Bibby et al.（2005）利用规模测度密度函数和伊藤公式得到新的漂移系数为零的随机微分方程，然后利用伊藤公式求出扩散过程 X 唯一的马尔可夫弱解，本书则直接使用了速度测度和规模测度工具。

定理 4.2 f 是在 (l,u) 上连续、有界，期望为 μ，(l,u) 上严格为正，(l,u) 之外为 0 的概率密度函数，且有限方差。考虑以下随机微分方程：

$$\mathrm{d}X_t=-\theta(X_t-\mu)\mathrm{d}t+\sigma(X_t,\theta)\mathrm{d}W_t,\ t\geqslant 0 \tag{4.18}$$

其中，$\theta>0$，$\mu\in(l,u)$，$\sigma(X_t,\theta)$ 是定义在集合 (l,u) 上的非负函数。

那么有以下四个结论成立（证明见 Bibby et al.，2005）：

(I) 如果 $\sigma^2(X_t,\theta)$ 设定如下：

$$\sigma^2(x,\theta)=\frac{2\theta\int_l^x(\mu-y)f(y)\mathrm{d}y}{f(x)}$$

$$=\frac{2\theta\mu F(x)-2\theta\int_l^x yf(y)\mathrm{d}y}{f(x)},\ l<x<u \tag{4.19}$$

其中，$F(x)$ 是 $f(x)$ 的分布函数。

那么，方程（4.18）和方程（4.19）共同决定的随机微分方程有唯一

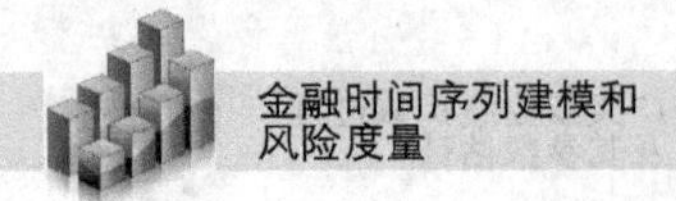

马尔可夫弱解，且对所有 $l < x < u$，扩散系数 $\sigma(X_t,\theta)$ 严格为正。

(II) 方程（4.18）、方程（4.19）给定随机微分方程的解 X 是遍历过程且具有不变的密度函数 $f(x)$。

(III) 满足不等式（4.20）：

$$\int_l^r \sigma^2(x,\theta) f(x) \mathrm{d}x < \infty \tag{4.20}$$

如果 $X_0 \sim f(x)$，那么 X 是平稳过程，$E\left(X_{s+t} \mid X_s\right) = e^{-\theta t}$，且 X 的自相关函数为：

$$\operatorname{Corr}(X_{s+t}, X_s) = e^{-\theta t}, \quad s,t > 0 \tag{4.21}$$

(IV) 如果 $l > -\infty$ 或 $r < \infty$，那么方程（4.18）和方程（4.19）给定的随机微分方程是唯一漂移系数为 $-\theta(x-\mu)$、不变密度为 $f(x)$ 的遍历扩散过程；如果状态空间为实数域，那么方程（4.18）和方程（4.19）给定的随机微分方程是唯一漂移系数为 $-\theta(x-\mu)$、不变密度为 $f(x)$ 且满足不等式（4.20）的遍历扩散过程。

4.1.2 均值回复广义双曲线扩散过程的鞍点近似

由于 Rydberg（1999）基于零漂移系数假设构建广义双曲线扩散过程，故称之为零漂移广义双曲线扩散过程；Bibby，Skovgaard & Sorensen（2005）基于均值回复过程构建广义双曲线扩散过程，故称之为均值回复广义双曲线扩散过程。

均值回复广义双曲线扩散过程构建中，扩散系数平方项由方程（4.19）给定。然而广义双曲线分布函数的解析式是未知的，因而也不能获得扩散系数平方项的解析式。所幸广义双曲线分布的矩母函数已知，本节将利用鞍点近似法来获得扩散系数平方项的显性表达式。

（一）扩散系数平方项的鞍点解析式

令 $M(t)$ 代表概率密度函数 $f(x)$ 的矩母函数：

$$M(t) = \int_l^r e^{tx} f(x) \mathrm{d}x \tag{4.22}$$

t 定义在集合 T 中，

$$T = \{t \in R \mid \int_l^r e^{tx} f(x) \mathrm{d}x < \infty\}$$

令 $\kappa(t)$ 代表累积量，$\kappa(t) = \ln M(t)$ 。对 $t \in \mathrm{int}(T)$ ，$\kappa(t)$ 二阶可微，$\sigma^2(x,\theta)$ 可用 $\hat{\sigma}^2(x,\theta)$ 近似，Bibby et al. （2005）证明 $\hat{\sigma}^2(x,\theta)$ 具有以下解析式：

$$\hat{\sigma}^2(x,\theta) = \frac{2\theta(x-\mu)}{\hat{t}_x} \tag{4.23}$$

其中，$\hat{t}_x$ 是鞍点值，它从式（4.24）解得：

$$\kappa'(\hat{t}_x) = x \tag{4.24}$$

因为 $x-\mu=\kappa'(\hat{t}_x)-\kappa'(0)$，且 $\kappa(t)$ 是凸函数，所以 $\hat{\sigma}^2(x,\theta)$ 在 (l,r) 上为正。

下面是两个证明：首先证明 $\kappa(t)$ 是凸函数，然后证明公式（4.23）。

证 $\kappa(t)$ 是凸函数。

证明：

$\kappa(t)$ 的二阶导数可写成如下形式：

$$\kappa''(t) = \frac{M''(t)M(t) - M'(t)^2}{M(t)^2}$$

因为：

$$M'(t) = E(xe^{tx}) \text{ , } M''(t) = E(x^2 e^{tx})$$

有：

$$M''(t)M(t) - M'(t)^2 = E(x^2 e^{tx}) - E(xe^{tx})^2$$

根据 Holder 不等式，有：

$$E(|xe^{tx}|) \leqslant [E(|xe^{tx/2}|^2)E(|e^{tx/2}|^2)]^{1/2}$$

又因为 $M(t) > 0$ ，所以：

$\kappa''(t) \geqslant 0$

只要 x 不取端点值，就总能保证 $\kappa''(t) > 0$，显然在 $l < x < r$ 上 $\kappa(t)$ 是凸函数。

证毕。

证公式（4.23）成立。

证明：

令：

$$r_x = \operatorname{sign}(\hat{t}_x)\sqrt{2(x\hat{t}_x - \kappa(\hat{t}_x))} \tag{4.25}$$

根据 Daniels（1954）概率密度函数的鞍点近似公式，有：

$$f(x) \approx \kappa''(\hat{t}_x)^{-0.5}\phi(r_x) \tag{4.26}$$

其中，ϕ 是标准正态概率密度函数。

对式（4.25）微分，有：$r_x dr_x = \hat{t}_x dx$。显然，r_x 关于 x 是增函数。

另外，$(x-\mu)/r_x$ 是可微函数，并在 $x=\mu$ 点，$r_x = 0$，并在该点连续。

令

$$I(x) = \int_x^r (y-\mu)f(y)\mathrm{d}y = \int_{r_x}^{r_r} r_y\phi(r_y)G(r_y)\mathrm{d}r_y \tag{4.27}$$

其中，

$$G(r_y) = \frac{(y-\mu)}{r_y}\frac{f(y)}{\phi(r_y)}\frac{\mathrm{d}y}{\mathrm{d}r_y} = \frac{(y-\mu)}{\hat{t}_y}\frac{f(y)}{\phi(r_y)} \tag{4.28}$$

通过积分，在 $O(n^{-0.5})$ 精度下有以下结果：

$$\begin{aligned} I(x) &= [-\phi(r_y)G(r_y)]\Big|_{r_x}^{r_r} + \int_{r_x}^{r_r}\phi(r_y)G'(r_y)\mathrm{d}r_y \\ &\approx \phi(r_x)G(r_x) = f(x)\frac{x-\mu}{\hat{t}_x} \end{aligned} \tag{4.29}$$

在公式（4.19）中，有：

$$\sigma^2(x,\theta)=\frac{2\theta\int_l^x(\mu-y)f(y)\mathrm{d}y}{f(x)}$$

因为：

$$\int_l^x(\mu-y)f(y)\mathrm{d}y+\int_x^r(\mu-y)f(y)\mathrm{d}y=0$$

所以，有：

$$\sigma^2(x,\theta)=\frac{-2\theta I(x)}{f(x)} \tag{4.30}$$

从公式（4.29）和公式（4.30）可得到公式（4.23）。

证毕。

依据渐近分析理论，在更高精度 $O(n^{-1})$ 项下，$I(x)$ 有以下近似结果：

$$I(x)\approx\phi(r_x)G(r_x)+G'(0)(1-\Phi(r_x)) \tag{4.31}$$

其中，Φ 是标准正态分布函数：

$$G'(0)=\frac{f(0)}{\phi(0)}\left(-\frac{\kappa'''(0)}{2\sqrt{\kappa''(0)}}+\frac{f'(0)}{f(0)}(\kappa''(0))^{3/2}\right) \tag{4.32}$$

由此，我们得到 $O(n^{-1})$ 下的近似结果：

$$\hat{\sigma}^2(x,\theta)=\frac{-2\theta}{f(x)}(\phi(r_x)G(r_x)+G'(0)(1-\Phi(r_x))) \tag{4.33}$$

定理 4.3 f 是在 (l,u) 上连续、有界，期望为 μ，(l,u) 上严格为正，(l,u) 之外为 0 的概率密度函数，且有限方差。定义函数 $h(x)$ 如下：

$$h(x)=x\hat{t}_x-\kappa(\hat{t}_x) \tag{4.34}$$

当 $x\to l$ 和 $x\to r$ 时，有 $\int_\mu^x\exp(h(y))\mathrm{d}y\to\infty$。那么，密度函数 $\hat{f}(x)$ 均值为 μ，是由公式(4.23) 给定扩散过程的边际密度函数。当用 $\hat{f}(x)$ 和 $\hat{\sigma}^2(x,\theta)$ 分别代替 $f(x)$ 和 $\sigma^2(x,\theta)$ 时，定理4.3中的四个结论在新随机微分方程中依然成立。

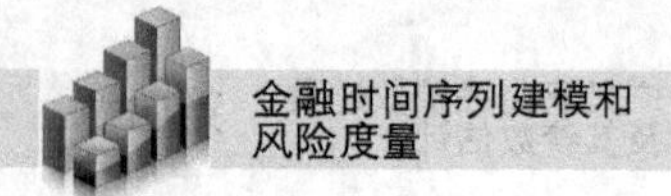

$$\hat{f}(x)=\frac{c}{\hat{\sigma}^2(x,\theta)}\exp(x\hat{t}_x-\kappa(\hat{t}_x))\ ,x\in(l,r) \tag{4.35}$$

其中，$c>0$ 是正则常数。

（二）主要子类分布及其扩散系数平方项鞍点解析式

Prause(1999) 给出广义双曲线分布矩母函数解析式如下：

$$M(t)=\exp(t\mu_1)\left(\frac{\alpha^2-\beta^2}{\alpha^2-(\beta+t)^2}\right)^{\lambda/2}\frac{K_\lambda(\delta\sqrt{\alpha^2-(\beta+t)^2})}{K_\lambda(\delta\sqrt{\alpha^2-\beta^2})},\quad |\beta+t|<\alpha \tag{4.36}$$

已知第三类修正贝塞尔与其导数之间存在如下关系：

$$K'_\lambda(x)=-K_{\lambda+1}(x)+\frac{\lambda}{x}K_\lambda(x) \tag{4.37}$$

那么，双曲线分布（HYP）矩母函数、累积量和累积量一阶导数的解析式如下：

$$M(t)=\exp(t\mu_1)\left(\frac{\alpha^2-\beta^2}{\alpha^2-(\beta+t)^2}\right)^{1/2}\frac{K_1(\delta\sqrt{\alpha^2-(\beta+t)^2})}{K_1(\delta\sqrt{\alpha^2-\beta^2})}$$

$$\kappa(t)=t\mu_1+\frac{1}{2}\ln\left(\frac{\alpha^2-\beta^2}{\alpha^2-(\beta+t)^2}\right)+\ln K_1(\delta\sqrt{\alpha^2-(\beta+t)^2})-\ln K_1(\delta\sqrt{\alpha^2-\beta^2})$$

$$\kappa'(t)=\mu_1+\frac{\delta(\beta+t)}{\sqrt{\alpha^2-(\beta+t)^2}}\frac{K_2(\delta\sqrt{\alpha^2-(\beta+t)^2})}{K_1(\delta\sqrt{\alpha^2-(\beta+t)^2})}$$

当 $\kappa'(\hat{t}_x)=x$ 时，$\hat{t}_x$ 是鞍点，但显然不能得到显性鞍点解析式，因此双曲线扩散过程扩散系数平方项也不能得到显性解析式。与此类似，偏 t 扩散过程扩散系数平方项也不能得到显性鞍点解析式。在广义双曲线分布重要子类中，只有正态逆高斯扩散过程和方差伽玛扩散过程有显性鞍点解析式。

正态逆高斯分布(NIG)

矩母函数

$$M(t)=\exp(t\mu_1+\delta\sqrt{\alpha^2-\beta^2}-\delta\sqrt{\alpha^2-(\beta+t)^2})$$

累积量

$$\kappa(t)=t\mu_1+\delta\sqrt{\alpha^2-\beta^2}-\delta\sqrt{\alpha^2-(\beta+t)^2}$$

累积量一阶导数

$$\kappa'(t)=\mu_1+\frac{\delta(\beta+t)}{\sqrt{\alpha^2-(\beta+t)^2}}$$

鞍点值解析式

$$\hat{t}_x=\frac{\alpha(x-\mu_1)}{\sqrt{(x-\mu_1)^2+\delta^2}}-\beta \tag{4.38}$$

扩散系数平方项鞍点解析式

$$\hat{\sigma}^2(x,\theta)=\frac{2\theta(x-\mu)\sqrt{(x-\mu_1)^2+\delta^2}}{\alpha(x-\mu_1)-\beta\sqrt{(x-\mu_1)^2+\delta^2}} \tag{4.39}$$

其中，均值 $\mu=\mu_1+\beta\dfrac{\delta}{\sqrt{\alpha^2-\beta^2}}$。

方差伽玛分布(VG)

矩母函数

$$M(t)=\exp(t\mu_1)\left(\frac{\alpha^2-\beta^2}{\alpha^2-(\beta+t)^2}\right)^{\lambda}$$

累积量

$$\kappa(t)=t\mu_1+\lambda\ln(\alpha^2-\beta^2)-\lambda\ln(\alpha^2-(\beta+t)^2)$$

累积量一阶导数

$$\kappa'(t)=\mu_1+\frac{2\lambda(\beta+t)}{\alpha^2-(\beta+t)^2}$$

鞍点值解析式

$$\hat{t}_x=\begin{cases}\dfrac{\sqrt{\lambda^2+(x-\mu_1)^2\alpha^2}-\lambda}{x-\mu_1}-\beta,\ x\neq\mu_1\\ -\beta,\quad x=\mu_1\end{cases}\tag{4.40}$$

扩散系数平方项鞍点解析式

$$\hat{\sigma}^2(x,\theta)=\begin{cases}\dfrac{2\theta(x-\mu_1)\left((x-\mu_1)-\dfrac{2\beta\lambda}{\alpha^2-\beta^2}\right)}{\sqrt{\lambda^2+\alpha^2(x-\mu_1)^2}-\lambda-\beta(x-\mu)},\ x\neq\mu_1\\ \dfrac{4\theta\lambda}{(\alpha^2-\beta^2)},x=\mu_1\end{cases}\tag{4.41}$$

4.1.3 扩散过程离散化方法 —— 强泰勒近似

扩散过程是刻画资产价格的标准工具，它在衍生品定价和风险管理领域有广泛应用。虽然这种连续时间过程为很多定价和风险管理问题提供了易于处理的解析式，具有强大的理论意义，但在实际应用中却面临参数估计的困难。因为金融市场数据是以离散化形式存在，而扩散过程却是连续形式。为此需要把扩散过程离散化，但这将产生离散化偏差。

Kloeden & Platen (1992) 及其更新版本对随机微分方程数值解有全面论述。该书第 5 章详细介绍了泰勒展开式在随机过程上的拓展——随机泰勒展开式，基于该方法可以得到伊藤过程在各阶上的展开式，有两种展开方式：Itô-泰勒展开式和 Stratonovich-泰勒展开式。如果已知随机微分方程解析式，则可以使用强收敛准则，基于强收敛准则的随机泰勒展开式，称之为强泰勒近似；如果不知道随机微分方程显性解，则使用弱收敛准则，基于弱收敛准则的随机泰勒展开式，称之为弱泰勒近似。强收敛和弱收敛的详细定义见 Kloeden & Platen (1992) 第 9 章 6、7 节。

在强泰勒近似中，如果系数项和扩散项满足可导要求，则使用强近似 (strong approximation)，见 Kloeden & Platen (1992) 第 10 章；如果系数项和扩散系数项不能满足可导要求，则使用显性强近似 (explicit strong approximation)，见 Kloeden & Platen (1992) 第 11 章；对于有断点随机微分方程的模拟，需要使用隐含强近似（implicit strong approximation），见 Kloeden & Platen（1992）第 12 章；弱泰勒近似也有类似划分，见 Kloeden &Platen（1992）第 14、15 章。本书在强泰勒近似框架下，给出了 0.5 阶、1.0 阶和 1.5 阶强泰勒解析式。其中，0.5 阶强泰勒近似也称为欧拉近似，1.0 阶强泰勒近似称为 Milstein 近似。首先介绍强收敛“阶数”的定义。

定义 4.1 设 X 是伊藤过程，Y^{δ} 是 X 的离散近似，δ 表示近似过程的最大离散步长。如果下式成立

$$\lim_{\delta \downarrow 0} E(\mid X_T - Y^{\delta}(T) \mid) = 0 \tag{4.42}$$

那么，称 Y^{δ} 在时间 T 强收敛于 X。

如果存在不依赖 δ 的正常数 C 和 $\delta_0 > 0$，使下式成立：

$$\varepsilon(\delta) = E(\mid X_T - Y^{\delta}(T) \mid) \leqslant C\delta^{\gamma} \tag{4.43}$$

那么称 Y^{δ} 在时间 T 以 γ 阶强收敛，$\gamma > 0$ 。

式（4.44）是一般随机微分方程形式，在一维条件下，可以在强泰勒近似框架下离散化，它的近似过程用 Y_t 表示。

$$\mathrm{d}X_t = \mu(X_t, \theta)\mathrm{d}t + \sigma(X_t, \theta)\mathrm{d}W_t \tag{4.44}$$

式（4.44）的欧拉近似、Milstein 近似和 1.5 阶强泰勒近似式如下：

令

$$a = \mu(X_t, \theta) \text{ , } b = \sigma(X_t, \theta)$$

欧拉近似

$$Y_{t+1} = Y_t + a\Delta_t + b\Delta W \tag{4.45}$$

其中，Δ_t 是时间离散区间 $[\tau_t, \tau_{t+1}]$ 的长度，$\Delta_t = \tau_{t+1} - \tau_t$ ；ΔW 是维纳过程 W 在 $[\tau_t, \tau_{t+1}]$ 上的增量，增量是服从正态分布 $N(0, \Delta_t)$ 的随机数，$\Delta W = W_{\tau_{t+1}} - W_{\tau_t}$ 。

Milstein 近似

$$Y_{t+1} = Y_t + a\Delta + b\Delta W + \frac{1}{2}bb'[(\Delta W)^2 - \Delta_t] \tag{4.46}$$

1.5 阶强泰勒近似

$$\begin{aligned} Y_{t+1} = & Y_t + a\Delta_t + b\Delta W + \frac{1}{2}bb'[(\Delta W)^2 - \Delta_t] \\ & + a'b\Delta Z + \frac{1}{2}\left(aa' + \frac{1}{2}b^2a''\right)\Delta_t^2 + \left(ab' + \frac{1}{2}b^2b''\right)[\Delta W\Delta_t - \Delta Z] \\ & + \frac{1}{2}b[bb'' + (b')^2]\left[\frac{1}{3}(\Delta W)^2 - \Delta_t\right]\Delta W \end{aligned} \tag{4.47}$$

其中，$\Delta Z \sim N\left(0, \frac{1}{3}\Delta_t^3\right)$，$\Delta Z$ 和 ΔW 的协方差矩阵为 $E(\Delta Z\Delta W) = \frac{1}{2}\Delta_t^2$。

相关随机变量 ΔZ 和 ΔW 可按以下方法从独立标准正态分布变量 U_1 和 U_2 转换生成：

$$\Delta W = U_1\sqrt{\Delta_t}, \Delta Z = \frac{1}{2}\Delta_t^{3/2}\left(U_1 + \frac{1}{\sqrt{3}}U_2\right) \tag{4.48}$$

4.1.4 离散化方法的精确度检验

下面分别用欧拉近似、Milstein 近似和 1.5 阶强泰勒近似法对几何布朗运动离散化。

$$X_t = aX_t\mathrm{d}t + bX_t\mathrm{d}W_t \tag{4.49}$$

显性解为：

$$X_t = X_0\exp\left((a - \frac{1}{2}\beta^2)t + bW_t\right) \tag{4.50}$$

利用模拟法生成显性解：

$$X_t = X_0\exp\left((a - \frac{1}{2}b^2)t + b\sum_{t=1}^{N_t}\Delta W_t\right) \tag{4.51}$$

其中，N_t 代表时间 t 时对应的子区间位置。

令 $X_0=100, a=1, b=1, t\in[0,1]$。设 $\Delta=0.02$，即把区间等分为 $N=50$ 份。显然，当 $t=0.5$ 时，$N_t=25$。基于式（4.51）模拟生成 X_t 值，利用 4.1.3 节给出的欧拉近似法、Milstein 近似法和 1.5 阶强泰勒展开式模拟生成 X_t 的近似值，并构造误差度量指标 E 来计算不同离散化方法的精确度。

$$E=|Y_t-X_t|/n \tag{4.52}$$

设 $\Delta=0.001$，即把区间等分 $N=1\,000$ 份，重新模拟。两种设置下各模拟 10 次，所产生的误差值结果列于表 4—1。图 4—1 和图 4—2 分别是 $N=50$ 和 $N=1\,000$ 时的模拟“路径”。

表 4—1　　　　不同离散方法所产生的误差值（$N=50$）

欧拉次序	欧拉近似（$E1$）		Milstein 近似（$E2$）		1.5 阶近似（$E3$）	
	$N=50$	$N=1\,000$	$N=50$	$N=1\,000$	$N=50$	$N=1\,000$
1	2.112 5	0.343 2	0.819 2	0.067 7	0.038 2	0.000 4
2	2.821 3	0.595 5	1.167 4	0.076 3	0.042 2	0.000 5
3	6.161 5	0.831 1	0.639 8	0.038 7	0.173 3	0.001 3
4	9.028 9	1.344 2	0.540 4	0.071 4	0.158 0	0.000 9
5	9.667	1.352 8	2.101 4	0.042 4	0.194 4	0.001 8
6	10.012 4	1.495 1	2.814 1	0.082	0.309 7	0.001 7
7	10.126 2	1.784	0.669 5	0.080 2	0.172 1	0.001 1
8	10.225	2.951 1	0.425 8	0.096 8	0.179 6	0.004 2
9	12.517 8	5.395 6	7.259 1	0.357 2	0.288 8	0.005 2
10	21.482 5	5.810 7	2.223 6	0.135 0	0.374 9	0.004 5

注：误差表按欧拉近似结果从小到大排序，同行误差值对应同次模拟结果。

从图 4—1 可直观看出，当 $N=50$ 时，欧拉近似不能很好离散化随机微分方程，而 Milstein 近似和 1.5 阶强泰勒近似则表现良好，说明 Milstein 近似和 1.5 阶强泰勒近似优于欧拉近似。从表 4—1 看出，1.5 阶强泰勒近似产生的误差小于 Milstein 近似，表明 1.5 阶强泰勒近似优于 Milstein 近似。

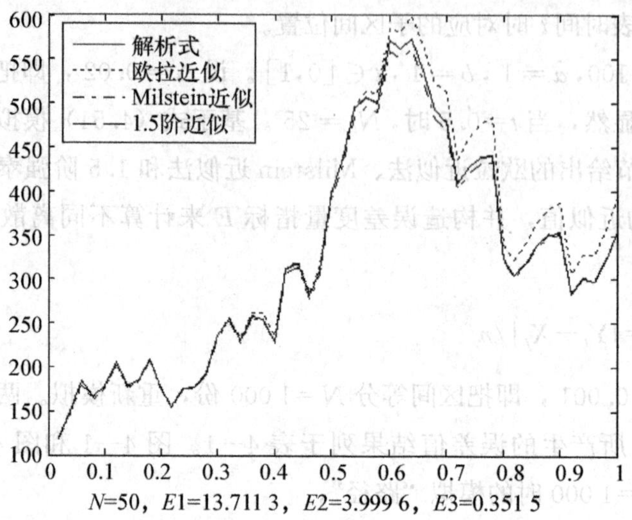

图 4—1 解析式和不同近似方法下的"路径"模拟

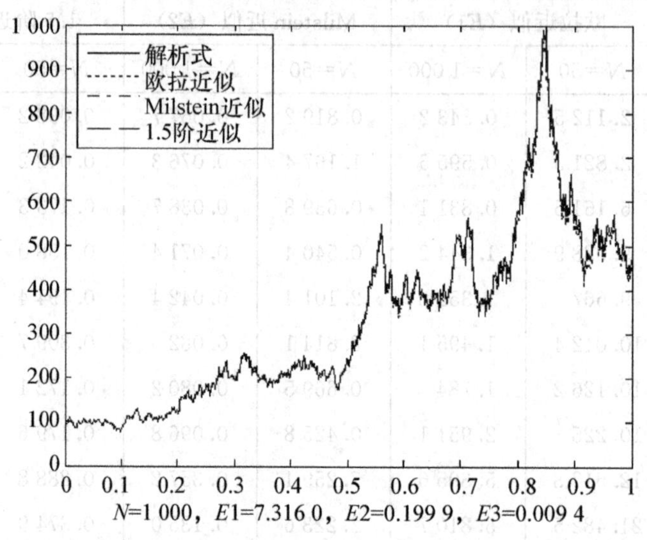

图 4—2 解析式和不同近似方法下的模拟"路径"

当 $N=1\,000$ 时，从图 4—2 可见，三种近似方法都有良好表现，说明随着 $\Delta\rightarrow 0$，三种近似方法都能够收敛。从表 4—1 还可以看出，1.5 阶强泰勒近似得到的结果非常精确，即使 $N=50$ 时，它的表现也明显优于 $N=1\,000$ 时的欧拉近似，接近于 $N=1\,000$ 时的 Milstein 近似，这说明 1.5 阶强泰勒

近似只需较少 N 值就能得到相当精确的近似结果。

4.2　广义双曲线扩散过程的参数估计

由于扩散过程[①]具有马尔可夫性，它的离散抽样似然函数可表示如下：

$$L_n = \prod_{i=1}^{n} p(t_i - t_{i-1}, X_{t_{i-1}}, X_{t_i}; \theta) \tag{4.53}$$

其中，$p(s,x,y;\theta)$ 是转移密度，即给定 $X_t = x$（$s > 0$）时，X_{t+s} 的条件密度。

如果转移密度函数已知，极大化式（4.53）即可得到参数极大似然估计量。在弱正则条件下（weak regularity conditions），可以证明极大似然估计量是“有效估计量”，即在所有估计量中，极大似然估计量具有最小的渐近方差。因此对于扩散过程的参数估计，极大似然法是首选。

但对大部分模型而言，转移密度函数都是未知的，因此似然函数也未知。这时可利用数值法近似转移密度函数或似然函数，目前该领域已有大量研究成果：Pedersen（1995）使用广泛模拟的方法近似似然函数；Poulsen（1999）通过数值求解一个偏微分方程近似转移密度函数；Aït-Sahalia（2002）和 Aït-Sahalia（2003）则使用 Hermite 展开式近似转移密度函数；Elerian，Chib & Shephard（2001），Eraker（2001），Robert & Stramer（2001），Johannes & Polson（2003）等利用马尔可夫链蒙特卡罗模拟法（MCMC）获得贝叶斯估计量，它与极大似然估计量有相同的渐近性质；也可以利用（鞅）估计函数法［(martingale) estimating function］近似“得分函数”而得到“准得分函数”，通过求解（鞅）估计函数方程获得参数估计量，综述性文献见 Bibby，Jacobsen & Sorensen（2004）。其他估计离散样本扩散过程参数的方法还包括广义矩法，讨论文献见 Duffie & Glynn

① 扩散过程是具有连续样本路径的连续时间连续参数马尔可夫过程。

(2004), Hansen & Scheinkman (1995), Conley, Hansen, Luttmer & Scheinkman (1997) 等；非参数法 (nonparametric method)，讨论文献见 Aït-Sahalia (1996a, 1996b), Jiang & Knight (1997), Stanton (1997) 等；模拟矩法 (method of simulated moments)，见 Duffie & Singleton (1993) 等；有效矩法 (efficient method of moments)，见 Gallant & Tauchen (1996) 等；间接推导法 (indirect inference method)，见 Gourieroux, Monfort & Renault (1993)；以及准极大似然估计法等等，有兴趣的读者可查阅相关文献。

本节内容主要解决广义双曲线扩散过程的参数估计问题，对于扩散过程的一般性理论成果不再详细介绍。下面重点关注鞅估计函数在广义双曲线扩散过程参数估计中的应用。

4.2.1 鞅估计函数和特值函数

估计函数是待估参数和样本数据的函数，这个概念最早可追溯到18世纪中期，但直到 Durbin (1960) 和 Godambe (1960) 建立起无偏估计函数和相应优化理论后才得以快速发展。估计函数法在多种统计模型（包括随机过程模型）中得到广泛应用，为估计量的发现和性质研究提供了一般性框架。与其他“数值法近似似然函数”相比，估计函数法具有形式简洁、计算量小的优势，特别适用于对“实时性”要求较高的问题。Bibby, Jacobsen & Sorensen (2004) 详尽综述了估计函数法（包括鞅估计函数）在离散抽样扩散过程模型中的应用，主要包括以下内容：(1) 估计函数及相应估计量的渐近性质；(2) 不同类型估计函数在扩散模型中的应用，包括非马尔可夫扩散过程中估计函数法的应用；(3) 最优估计函数 (optimal estimating function) 的一般理论；(4) 将得到的最优估计函数应用于估计函数中；(5) 小 Δ-最优化理论。

假设扩散过程 X_t 满足以下一般形式的随机微分方程：

$$dX_t = \mu(X_t, \theta)dt + \sigma(X_t, \theta)dW_t \tag{4.54}$$

设 $G_n(\theta)$ 是以上随机微分方程的估计函数，θ 是待估参数，$G_n(\theta)=0$ 的解 $\hat{\theta}$ 是待估参数 θ 的相合估计量。

如果 $E_\theta(G_n(\theta))=0$，称 $G_n(\theta)$ 是无偏估计函数。**一般我们只研究无偏估计函数。**

如果 $E_\theta(G_n(\theta)\mid F_{n-1})=G_{n-1}(\theta)$，$n=1,2,\cdots$，称 $G_n(\theta)$ 是鞅估计函数。为了使鞅估计函数具有无偏性，设 $G_0=0$。

Barndorff-Nielsen & Sorensen（1994）证明"得分函数①"通常是鞅估计函数，因为扩散过程的得分函数是积分形式，可用如下鞅估计函数来近似得分函数：

$$G_n(\theta)=\sum_{i=1}^{n}g(\Delta_i,X_{t_{i-1}},X_{t_i},\theta) \tag{4.55}$$

其中，

$$g(\Delta,x,y,\theta)=\sum_{j=1}^{N}a_j(\Delta,x,\theta)h_j(\Delta,x,y,\theta) \tag{4.56}$$

而 $h_j(\Delta,x,y,\theta)$，$j=1,\cdots,N$ 是实值函数，对于所有 $\Delta>0$，$x\in(l,r)$，$h_j(\Delta,x,y,\theta)$ 满足以下条件：

$$\int_l^r h_j(\Delta,x,y,\theta)p(\Delta,x,y,\theta)\mathrm{d}y=0$$

在式（4.56）中，a_j 是对估计函数优化的结果，而 h_j 形式的选择更多是一种艺术。h_j 的常用形式有线性形式和二次形式，相应鞅估计函数称为线性鞅估计函数和二次鞅估计函数。

$N=1$，$h_1(\Delta,x,y,\theta)=y-F(\Delta,x,\theta)$ 时，称为线性鞅估计函数。其中，

$$F(\Delta,x,\theta)=E_\theta(X_\Delta\mid X_0=x)=\int_l^r yp(\Delta,x,y,\theta)\mathrm{d}y$$

$N=2$，$h_1(\Delta,x,y,\theta)=y-F(\Delta,x,\theta)$，

① 对数似然函数的导数，称为得分函数（score function）。

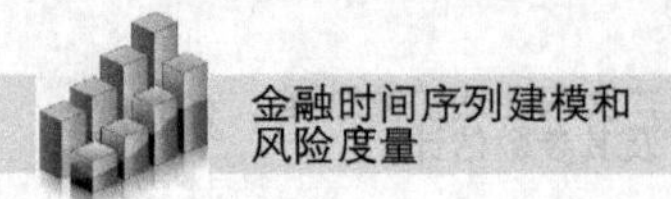

$h_2(\Delta,x,y,\theta)=(y-F(\Delta,x,\theta))^2-\phi(\Delta,x,\theta)$ 时，称为二次鞅估计函数。

其中，

$$\phi(\Delta,x,\theta)=\mathrm{var}_\theta(X_\Delta \mid X_0=x)=\int_l^r[y-F(\Delta,x,\theta)]^2 p(\Delta,x,y,\theta)\mathrm{d}y$$

h_j 可以推广到以下更为一般的形式：

$$h_j(\Delta,x,y,\theta)=f_j(y,\theta)-\pi_\Delta^\theta(f_j(\theta))(x) \tag{4.57}$$

其中，π_s^θ 是转移算子（transition operator），它把满足 μ_θ（$|f|$）$<\infty$的函数映射成函数 $\pi_s^\theta(f)$ 。$\pi_s^\theta(f)$ 和 $\mu_\theta(f)$ 定义如下：

$$\pi_s^\theta(f)(x)=\int_l^r f(y)p(s,x,y,\theta)\mathrm{d}y=E_\theta(f(X_s)\mid X_0=x) \tag{4.58}$$

$$\mu_\theta(f)=\int_l^r f(x)\mu_\theta(x)\mathrm{d}x$$

现在介绍扩散过程“母体”（generator）的概念。

Kessler & Sorensen（1999）利用扩散过程“母体”特值函数（eigenfunction）的鞅性质，把估计函数变为一类特殊的扩散过程。下面给出式（4.54）所定义扩散过程的“母体”以及相应特值函数概念。

式（4.59）的微分算子称为式（4.54）给定扩散过程的母体

$$L_\theta=\mu(x,\theta)\frac{\mathrm{d}}{\mathrm{d}x}+\frac{1}{2}\sigma^2(x,\theta)\frac{\mathrm{d}^2}{\mathrm{d}x^2} \tag{4.59}$$

二阶可微函数 $\phi(x,\theta)$ 称为“母体”L_θ 的特值函数，如果：

$$L_\theta\phi(x,\theta)=-\lambda(\theta)\phi(x,\theta) \tag{4.60}$$

其中，$\lambda(\theta)\geqslant 0$ 称为 $\phi(x,\theta)$ 的特征值。

在弱正则条件下，Kessler & Sorensen（1999）证明了：

$$\pi_\Delta^\theta(\phi(\theta))(x)=E_\theta(\phi(X_\Delta,\theta)\mid X_0=x)=e^{-\lambda(\theta)\Delta}\phi(x,\theta) \tag{4.61}$$

式（4.61）代入式（4.57），得到式（4.62）：

$$h_j(\Delta,x,y,\theta)=\phi_j(y,\theta)-e^{-\lambda_j(\theta)\Delta}\phi_j(x,\theta) \tag{4.62}$$

其中，$\phi_1(\cdot,\theta),\cdots,\phi_N(\cdot,\theta)$ 是 L_θ 的特值函数，相应特征值为 $\lambda_1(\theta),\cdots,\lambda_N(\theta)$。

式（4.62）代入式（4.55）和式（4.56），可得到更一般形式下的鞅估计函数定义。

在 4.2.2 节至 4.2.4 节中，我们在给定基函数 $f(x)$ 下给出最优估计函数和最优鞅估计函数，并证明最优鞅估计函数满足小 Δ- 最优的性质，即当 $\Delta\to 0$ 时最优鞅估计量在效率上接近于极大似然估计量。最后，给出线性最优鞅估计函数和二次最优鞅估计函数及其近似式。

4.2.2 扩散过程的最优估计函数

估计函数优化用到的重要概念和定理：

定义 4.2 敏感度函数

设待估参数 θ 是 p 元变量，敏感度函数（sensitivity function）定义如下：

$$S_{G_n}(\theta)=E_\theta(\partial_{\theta^T}G_n(\theta))=\begin{pmatrix}\partial_{\theta_1}G_n(\theta)_1 & \cdots & \partial_{\theta_p}G_n(\theta)_1\\ \vdots & & \vdots\\ \partial_{\theta_1}G_n(\theta)_p & \cdots & \partial_{\theta_p}G_n(\theta)_p\end{pmatrix} \tag{4.63}$$

其中 ∂_θ 是指对 θ 求偏导。

定义 4.3 Godambe 信息①

$$K_{G_n}(\theta)=S_{G_n}(\theta)^T E_\theta(G_n(\theta)G_n(\theta)^T)^{-1}S_{G_n}(\theta) \tag{4.64}$$

其中，上标 T 为转置符。

定义 4.4 Godambe-最优

对于所有 $\theta\in\Theta$，所有 $G_n\in G$，如果有

① 更多随机过程信息量（information quantities）的讨论见 Barndorff-Nielsen & Sorensen (1994)。

$$K_{G_n^*}(\theta) \geqslant K_{G_n}(\theta) \tag{4.65}$$

称估计函数 $G_n^* \in G$ 为 G 中的 Godambe-最优或 F-最优。

通过不等式（4.65）可得到最优估计函数（也称准得分函数）G_n^*，但得到的最优函数并不唯一：如果 G_n^* 满足不等式（4.65），那么 $M_\theta G_n^*$ 也满足不等式（4.65），其中，M_θ 是可逆确定性 $p \times p$ 矩阵。所幸的是，不同最优函数将得到相同的参数估计值。

出于理论研究方便的目的，可以把估计函数标准化如下：

$$G_n^{(s)}(\theta) = -S_{G_n}(\theta)^T E_\theta(G_n(\theta)G_n(\theta)^T)^{-1}G_n(\theta) \tag{4.66}$$

标准化估计函数满足第二 Bartlett-单位性（second Bartlett-identity）：

$$E_\theta(G_n^{(s)}(\theta)G_n^{(s)}(\theta)^T) = -E_\theta(\partial_{\theta^T}G_n^{(s)}(\theta)) \tag{4.67}$$

当式（4.67）成立时，标准化估计函数的 Godambe 信息等于负敏感度函数。估计函数之所以标准化，是为了在性质上更为接近得分函数[①]。事实上，在所有平方可积随机向量构成的 L_2 空间中，如果 G 是封闭的子空间，准似然函数是似然函数在 G 上的正交映射。希尔伯特空间上对估计函数的更多讨论见 McLeish & Small（1988）。

关于最优估计函数，Heyde（1988）给出以下定理：

定理 4.4 对于所有 $\theta \in \Theta$，$G_n \in G$，如果 $G_n^* \in G$ 满足

$$S_{G_n}(\theta)^{-1}E_\theta(G_n(\theta)G_n^*(\theta)^T) = S_{G_n^*}(\theta)^{-1}E_\theta(G_n^*(\theta)G_n^*(\theta)^T) \tag{4.68}$$

那么，称 G_n^* 在 G 中是 Godambe-最优的。当 G 对加法封闭时，任意 Godambe-最优的估计函数都满足式（4.68）。

当 G_n^* 满足第二 Bartlett-单位性时，根据 Godambe 信息定义，得到：

$$K_{G_n^*}(\theta) = E_\theta(G_n^*(\theta)G_n^*(\theta)^T)$$

对于所有 $\theta \in \Theta$，$G_n \in G$ 有：

① 得分函数通常满足单位性（identity）。

$$E_\theta(G_n(\theta)G_n^*(\theta)^T) = -E_\theta(\partial_{\theta^T}G_n(\theta)) \tag{4.69}$$

如果 G_n^* 满足第二 Bartlett-单位性且公式（4.69）成立，那么，条件（4.68）成立，则 G_n^* 是 Godambe-最优估计函数。

如果估计函数 G_n 形式如下：

$$G_n(\theta) = \sum_{i=1}^{n} a_i(\theta)h_i(X_1,\cdots,X_i,\theta) \tag{4.70}$$

其中，$a_i(\theta)$ 是 $p \times N$ 矩阵；$i=1,\cdots,n$；$a_i(\theta)$ 不依赖于样本数据且关于 θ 可微。

根据敏感度函数和 $E_\theta(G_n(\theta)G_n^*(\theta)^T)$ 定义，式（4.69）左右两侧表达如下：

$$S_{G_n}(\theta) = \sum_{i=1}^{n} a_i(\theta)E_\theta(\partial_{\theta^T}h_i(X_1,\cdots,X_i,\theta))$$

$$E_\theta(G_n(\theta)G_n^*(\theta)^T) = \sum_{i=1}^{n} a_i(\theta)E_\theta(h_i(X_1,\cdots,X_i,\theta) \\ h_i(X_1,\cdots,X_i,\theta)^T)^{-1}a_i^*(\theta)^T$$

其中，$a_i^*(\theta)$ 表示 $a_i(\theta)$ 的最优选择。

根据等式（4.69），得到 $a_i^*(\theta)$ 的形式如下：

$$a_i^*(\theta) = -E_\theta(\partial_{\theta^T}h_i(X_1,\cdots,X_i,\theta))^T \\ (E_\theta(h_i(X_1,\cdots,X_i,\theta)h_i(X_1,\cdots,X_i,\theta)^T))^{-1} \tag{4.71}$$

显然，式（4.71）是条件（4.68）成立的必要条件。

4.2.3 扩散过程最优鞅估计函数

鞅估计函数是一类特殊的估计函数，基于鞅极限定理我们能够很方便地得到它的渐近性质，因此它受到研究者和使用者的青睐。Bibby（1994），Bibby & Sorensen（1995）提出了鞅估计函数法对扩散过程进行参数估计，Kessler & Sorensen（1999）证明了鞅估计函数的相合性和渐近正态性，其他关于鞅估计函数的重要文献见 Bibby & Sorensen（1996），Sorensen

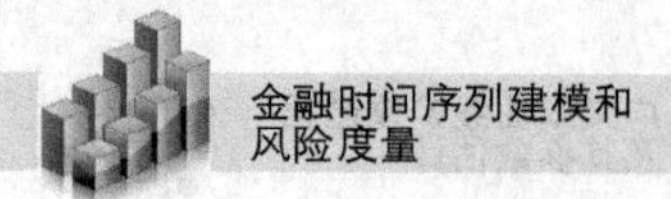

(1997)，Kessler (2000)，Bibby & Sorensen (2001)，Jacobsen (2001a)，Jacobsen (2001b)，Jacobsen (2002) 等。

定义 4.5　鞅估计函数。如果估计函数 G_n 满足

$$E_\theta(G_n(\theta) \mid F_{n-1}) = G_{n-1}(\theta), \quad n = 1,2,\cdots \tag{4.72}$$

称 G_n 是鞅估计函数。其中，F_{n-1} 是由 $X_1,\cdots,X_{n-1}$ 生成的 σ-域，$G_0 = 0$ 。

鞅 $G_n(\theta)$ 可表示成 $G_n(\theta) = \sum_{i=1}^{n} H_i(\theta)$ ，其中，$H_i(\theta) = G_i(\theta) - G_{i-1}(\theta)$ 。

设 $G_n(\theta)$ 存在方差，把 $G_n(\theta)$ 的“二次特征”定义为 $p \times p$ 随机（random）半正定矩阵。

$$[G(\theta)]_n = \sum_{i=1}^{n} E_\theta(H_i(\theta)H_i(\theta)^T \mid F_{i-1}) \tag{4.73}$$

定理 4.5　鞅中心极限定理。随着 $n \to \infty$ ，如果有

$$\frac{1}{n}\sum_{i=1}^{n} E_\theta(H_i(\theta)H_i(\theta)^T) \to \Sigma_\theta$$

$$[G(\theta)]_n/n \xrightarrow{P_\theta} \Sigma_\theta$$

且

$$\frac{1}{\sqrt{n}} \sup_{i \leqslant n} \mid H_i(\theta) \mid \xrightarrow{P_\theta} 0$$

其中，Σ_θ 是 $p \times p$ 正定矩阵。那么，

$$[G(\theta)]_n^{-1/2} G_n(\theta) \xrightarrow{D} N(0, \mathrm{I}_p)$$

其中，I_p 是 $p \times p$ 单位阵，$N(0,I_p)$ 是 p 维标准正态分布。

鞅中心极限定理在一维条件下的证明见 Hall & Heyde (1980)，在多元条件下的证明见 Heyde (1997)，Kuchler & Sorensen (1999)。

假设 $G_n(\theta)$ 满足鞅中心极限定理中的条件，$\hat{\theta}$ 是方程 $G_n(\theta) = 0$ 的解，θ_0 是参数真值。在一般正则条件下，可以证明：

$$[G(\theta)]_n^{-1/2}\bar{G}_n(\theta)(\hat{\theta}-\theta_0)\xrightarrow{D}N(0,\mathbf{I}_p)$$

其中，$\bar{G}_n(\theta)$ 称为 $\partial_\theta G_n(\theta)$ 的补子，$\bar{G}_n(\theta)=\sum_{i=1}^{n}E_\theta(\partial_\theta H_i(\theta)\mid F_{i-1})$。

随机矩阵 $[G(\theta)]_n$ 的逆矩阵如下：

$$I_{G_n}(\theta)=\bar{G}_n(\theta)^T[G(\theta)]_n^{-1}\bar{G}_n(\theta) \tag{4.74}$$

$I_{G_n}(\theta)$ 是估计量 $\hat{\theta}_n$ 渐近分布的协方差矩阵，称为 Heyde 信息，也称鞅信息。

定义 4.6　Heyde-最优。对于所有 $\theta\in\Theta$，$n\in N$，$G_n\in G$，如果有

$$I_{G_n^*}(\theta)\geqslant I_{G_n}(\theta) \tag{4.75}$$

则称鞅估计函数 G_n^* 是 Heyde-最优或 A-最优。

定理 4.6　对于所有 $\theta\in\Theta$，$n\in\mathrm{N}$，$G_n\in G$，如果 $G_n^*\in G$ 满足

$$\bar{G}_n(\theta)^{-1}[G(\theta),G^*(\theta)]_n=\bar{G}_n^*(\theta)^{-1}[G^*(\theta)]_n \tag{4.76}$$

那么，在 G 中 G_n^* 是 Heyde-最优。如果 G 对加法封闭，任何 Heyde-最优的估计函数 G_n^* 都满足式（4.76）。如果 $\bar{G}_n^*(\theta)^{-1}(G^*(\theta))_n$ 是非随机的，则 G_n^* 也是 Godambe-最优。

对于 $j=1,\cdots,N$，$i=1,\cdots,n$，如果函数 $h_{ij}(x_1,\cdots,x_i,\theta)$ 满足：

$$E_\theta(h_{ij}(X_1,\cdots,X_i,\theta)\mid F_{i-1})=0$$

则

$$G_n(\theta)=\sum_{i=1}^{n}a_i(X_1,\cdots,X_{i-1},\theta)h_i(X_1,\cdots,X_i,\theta) \tag{4.77}$$

是 p 维无偏鞅估计函数。

这里，h_i 代表 N 维向量 $(h_{i1},\cdots,h_{iN})^T$，$a_i(X_1,\cdots,X_{i-1},\theta)$ 是从 $R^{i-1}\times\Theta$ 到 $p\times N$ 矩阵集合的函数，关于 θ 可微。对于所有 $j,j'=1,\cdots,N$，当 $i\neq i'$ 时，h_{ij} 满足以下条件：

$$E_\theta(h_{ij}(X_1,\cdots,X_i,\theta)h_{i'j'}(X_1,\cdots,X_{i'},\theta))=0 \tag{4.78}$$

这说明随机变量 $h_{ij}(X_1,\cdots,X_i,\theta)$ 是不相关的，$i=1,2,\cdots$；$h_{ij}(X_1,\cdots,X_i,\theta)$ 的新变化仅依赖于第 i 个观测值所产生的新息。

令 G 是形如式（4.77）的鞅估计函数集合，且具有有限方差。

根据 $\overline{G}_n(\theta)$ 定义，有：

$$\overline{G}_n(\theta)=\sum_{i=1}^{n}a_i(X_1,\cdots,X_{i-1},\theta)E_\theta(\partial_{\theta^T}h_i(X_1,\cdots,X_i,\theta)\mid F_{i-1}) \tag{4.79}$$

且

$$[G(\theta),G^*(\theta)]_n=\sum_{i=1}^{n}a_i(X_1,\cdots,X_{i-1},\theta)V_{h_i}(X_1,\cdots,X_{i-1},\theta)\times a_i^*(X_1,\cdots,X_{i-1},\theta)^T \tag{4.80}$$

其中，$G_n^*(\theta)=\sum_{i=1}^{n}a_i^*(X_1,\cdots,X_{i-1},\theta)h_i(X_1,\cdots,X_i,\theta)$。

已知 $(X_1,\cdots,X_{i-1})$，$V_{h_i}(X_1,\cdots,X_{i-1},\theta)$ 是随机向量 $h_i(X_1,\cdots,X_i,\theta)$ 的条件协方差矩阵，其中，

$$V_{h_i}(X_1,\cdots,X_{i-1},\theta)=E_\theta(h_i(X_1,\cdots,X_i,\theta)h_i(X_1,\cdots,X_i,\theta)^T\mid F_{i-1}) \tag{4.81}$$

当 $a_i^*(X_1,\cdots,X_{i-1},\theta)$ 满足式（4.82）时，条件（4.76）得到满足。根据定理 4.6，$G_n^*(\theta)$ 是 Heyde-最优。

$$a_i^*(X_1,\cdots,X_{i-1},\theta)=-E_\theta(\partial_{\theta^T}h_i(X_1,\cdots,X_i,\theta)\mid F_{i-1})^T V_{h_i}(X_1,\cdots,X_{i-1},\theta)^{-1} \tag{4.82}$$

4.2.4 小 Δ- 最优化（Small Δ- Optimality）

因为 Godambe 信息和 Heyde 信息是估计量 $\hat{\theta}$ 渐近协方差矩阵的逆，所以 Godambe-最优和 Heyde-最优估计量都是在给定基函数下的有效估计

量，我们称之为“局部”有效估计量。因为极大似然估计量是全局有效估计量，所以估计函数法的估计“效率”要低于极大似然法。为此 Jacobsen（2001a）最早针对无偏估计函数引入了小 Δ-最优化的概念：当 Δ 取值很小时，得到的小 Δ- 最优估计量“接近于”全局有效估计量，并且依然满足相合性和渐近正态性。Jacobsen（2001b）和 Jacobsen（2002）则把它进一步应用到形如式（4.83）的鞅估计函数中①，把鞅估计函数优化和小 Δ-优化联系到一起，并得到两个主要结论（下文将给出确定 N_0 的方法）：

第一，对于给定基函数，当 $N \geqslant N_0$ 时，总是存在权重函数使 $G_n(\theta)$ 满足小 Δ–最优；

第二，对于任意基函数，当 $N \geqslant N_0$ 时，最优鞅估计函数同时满足小 Δ–最优。

$$\sum_{i=1}^{n} g_i(\Delta, X_{(i-1)\Delta}, X_{i\Delta}, \theta) = 0 \tag{4.83}$$

其中，$g_i(\Delta,x,y,\theta) = \sum_{j=1}^{N} a_{ij}(x,\theta)(f_j(y) - \pi_\Delta^\theta(f_j)(x))$，$1 \leqslant i \leqslant p$；我们称 $a_{ij}(x,\theta)$ 是权重函数，$f_j(y)$ 为基函数。

假设基函数 f_j 和权重 a_{ij} 都不依赖于 Δ，我们给出以下假设条件。

条件 4.1 假设基函数 $f_j(x)$ 对 x 二阶可微，在域 D 上，假设基函数 f 具有满秩 N，即对于某些常数 c_j 和 γ，满足以下等式：

$$\sum_{j=1}^{N} c_j f_j(x) + \gamma = 0 \text{，} x \in D \tag{4.84}$$

这意味着 $c_1 = \cdots = c_N = \gamma = 0$。

对于任意 θ，如果函数 $a_{ij}(x,\theta)$ 满足以上条件，则意味着 p 个 N 维函数 $x \to (a_{i1}(x,\theta),\cdots,a_{iN}(x,\theta))$ 构成的行向量 $a(x,\theta)$ 在域 D 上线性独立。

为了讨论小 Δ–最优化的概念，先考虑形如式（4.55）的鞅估计函数，估计量 $\hat{\theta}_n$ 渐近分布的协方差矩阵如下：

① 在本节，我们假设时间间隔均相等。

$$\mathrm{var}_{\Delta,\theta}(g,\hat{\theta})=S(\theta)^{-1}V(\theta)(S(\theta)^{-1})^T \tag{4.85}$$

其中，

$$S_{ij}(\theta)=E_\theta(\partial_{\theta_j}g_i(\Delta,X_0,X_\Delta,\theta)),$$
$$V_{ij}(\theta)=E_\theta(g_i(\Delta,X_0,X_\Delta,\theta))g_j(\Delta,X_0,X_\Delta,\theta),$$
$$S(\theta)=(S_{ij}(\theta))_{1\leqslant i,j\leqslant p},V(\theta)=(V_{ij}(\theta))_{1\leqslant i,j\leqslant p}\text{。}$$

随着 $\Delta\to 0$，使用随机变量的伊藤-泰勒展开，式（4.85）可以得到如下展开式（Jacobsen，2001a）：

$$\mathrm{var}_{\Delta,\theta}(g,\hat{\theta})=\frac{1}{\Delta}v_{-1,\theta}(g,\hat{\theta})+v_{0,\theta}(g,\hat{\theta})+o(1) \tag{4.86}$$

因为 $v_{-1,\theta}$ 和 $v_{0,\theta}$ 跟模型结构有关，Jacobsen（2001a）把模型划分为三种情况，并分别得到小 Δ-最优化的充分条件。

令 $g_{i,o}(x,y,\theta)=\lim\limits_{t\to 0}g_i(t,x,y,\theta)$，$C(x,\theta)=\sigma(x,\theta)\sigma(x,\theta)^T$，有如下结论成立：

（Ⅰ）如果 $C(x,\theta)=C(x)$ 不依赖于参数 θ。在此条件下，对于给定 g，小 Δ-最优的充分条件是：

$$\partial_y g_0(x,x,\theta)=\dot{\mu}^T(x,\theta)C^{-1}(x) \tag{4.87}$$

这里，$\partial_y g_0(x,x,\theta)$ 是 $\partial_y g_0(x,y,\theta)=(\partial_{y_k}g_{i,0}(x,y,\theta))\in \mathrm{R}^{p\times d}$ 沿着 $y=x$ 对角线的值，$\dot{\mu}(x,\theta)\in\mathrm{R}^{d\times p}$，它的元素 $(\dot{\mu}(x,\theta))_{ki}=\partial_{\theta_i}\mu_k(x,\theta)$。如果式（4.87）成立，协方差达到它的下界：

$$[E_\theta(\dot{\mu}_\theta^T(X_0)C^{-1}(X_0)\dot{\mu}_\theta(X_0))]^{-1}$$

（Ⅱ）如果 $C(x,\theta)$ 依赖于所有参数 $\theta_1,\cdots,\theta_p$。在此条件下，对于给定 g，小 Δ-最优的充分条件是：

$$\partial_y g_0(x,x,\theta)=0,\ \partial^2_{yy}g_0(x,x,\theta)=\dot{C}^T(x,\theta)(C^{\otimes 2}(x,\theta))^{-1} \tag{4.88}$$

这里，$\partial^2_{yy}g_0(x,x,\theta)\in\mathrm{R}^{p\times d^2}$ 是 $\partial_{y_ky_l}g_{i,0}(x,y,\theta)$ 沿着 $y=x$ 对角线的

值，$(\dot{C}(x,\theta))_{kl,i}=\partial_{\theta_i}C_{kl}(x,\theta)$，$C^{\otimes 2}\in \mathrm{R}^{d^2\times d^2}$，$(C^{\otimes 2})_{kl,k'l'}=C_{kk'}C_{ll'}$。如果式（4.88）成立，协方差达到它的下界：

$$2[E_\theta(\dot{C}_\theta^T(X_0)(C^{\otimes 2}(X_0))^{-1}\dot{C}_\theta(X_0))]^{-1}$$

（Ⅲ）如果 $C(x,\theta)$ 依赖于部分参数 $\theta_1,\cdots,\theta_{p'}$，不依赖于其余参数 $\theta_{p'+1},\cdots,\theta_p$，其中 $1\leqslant p'<p$。在此条件下，小 Δ-最优的充分条件是：

$$\partial_y g_0(x,x,\theta)=\begin{pmatrix}0_{p'\times d}\\ \dot{\mu}_2^T(x,\theta)C^{-1}(x,\theta)\end{pmatrix} \tag{4.89}$$

$$\partial_{yy}^2 g_{1,0}(x,x,\theta)=\dot{C}_1^T(x,\theta)(C^{\otimes 2}(x,\theta))^{-1} \tag{4.90}$$

其中，$\dot{\mu}_2\in \mathrm{R}^{d\times(p-p')}$ 包含 $\dot{\mu}$ 中最后 p-p' 列，$g_{1,0}$ 是 g 中前 p' 个坐标量（coordinates），$\dot{C}_1\in \mathrm{R}^{d^2\times p'}$ 是 $\dot{C}$ 中的前 p' 列。

定理 4.7 考虑形如下式的鞅估计函数：

$$G_n(\theta)=\sum_{i=1}^n a^*(X_{(i-1)\Delta},\theta)(f(X_{i\Delta},\theta)-\pi_\Delta^\theta(f(\theta))(X_{(i-1)\Delta})) \tag{4.91}$$

其中，基函数 $f=(f_j)_{1\leqslant j\leqslant N}$ 是线性满秩 N，约简矩阵（reduction matrix）R $\in \mathrm{R}^{d^2\times\rho(d)}$，当 $k=k'$，$l=l'$ 时 $R_{k'l'\times kl}=1$，否则 $R_{k'l'\times kl}=0$。矩阵函数 $a^*(x,\theta)$ 按以下三种情况分别确定：

（Ⅰ）设 $N=d$，对于几乎所有 μ_θ 可测的 x，矩阵 $\partial_x f(x)\in \mathrm{R}^{d\times d}$ 是非奇异矩阵，p 个 d-变量函数构成的列向量 $\dot{\mu}(x,\theta)$ 是线性独立的，那么，行向量

$$a^*(x,\theta)=\dot{\mu}^T(x,\theta)C^{-1}(x)(\partial_x f(x))^{-1} \tag{4.92}$$

是线性独立的，并且估计函数（4.91）满足小 Δ-最优化条件（4.87）。

（Ⅱ）设 $N=\dim(d)$，$\dim(d)=d(d+3)/2$，对于几乎所有 μ_θ 可测的 x，$Q(x)$ 是非奇异矩阵

$$Q(x)=(\partial_x f(x)\partial_{xx}^2 f(x)R)\in \mathrm{R}^{\dim(d)\times\dim(d)} \tag{4.93}$$

p 个 d^2-变量函数构成的列向量 $\dot{C}(x,\theta)$ 是线性独立的。那么，行向量

$$a^*(x,\theta)=(0_{p\times d}\dot{C}^T(x,\theta)(C^{\otimes 2}(x,\theta))^{-1}R)(Q(x))^{-1} \tag{4.94}$$

是线性独立的，估计函数（4.91）满足小Δ-最优化条件（4.88）。

（Ⅲ）设 $N=\dim(d)$，对于几乎所有 μ_θ 可测的 x，由式（4.93）给定的 $Q(x)$ 是非奇异矩阵，$p-p'$ 个 d-变量函数构成的行向量 $\mu_{2,\theta}$ 线性独立，p' 个 d^2-变量函数构成的列向量 $\dot{C}_{1,\theta}$ 线性独立，那么，行向量

$$a^*(x,\theta)=\begin{pmatrix} 0_{p'\times d} & \dot{C}_1^T(x,\theta)(C^{\otimes 2}(x,\theta))^{-1}R \\ \dot{\mu}_2^T(x,\theta)C^{-1}(x,\theta) & 0_{(p-p')\times \rho(d)} \end{pmatrix}(Q(x))^{-1} \tag{4.95}$$

是线性独立的，估计函数（4.91）满足小Δ-最优化条件（4.89）和（4.90）。

证明见 Jacobsen（2002）。

定理 4.8 对于基函数为 $f=(f_j)_{1\leqslant j\leqslant N}$ 的最优鞅估计函数 $G^*(\theta)$，有以下结果成立：

（Ⅰ）如果 $N=d$，对于几乎所有 μ_θ 可测的 x，矩阵 $\partial_x f(x)\in \mathrm{R}^{d\times d}$ 是非奇异矩阵，那么：

$$g_0^*(x,y,\theta)=\lim_{t\to 0}g^*(t,x,y,\theta)$$

且

$$\partial_y g_0^*(x,x,\theta)=\dot{\mu}^T(x,\theta)C^{-1}(x) \tag{4.96}$$

（Ⅱ）如果 $N=\dim(d)$，对于几乎所有 μ_θ 可测的 x，矩阵

$$(\partial_x f(x)\partial_{xx}^2 f(x))\in \mathrm{R}^{N\times(d+d^2)}$$

具有满秩 $\dim(d)$，那么，

$$g_0^*(x,y,\theta)=\lim_{t\to 0}tg^*(t,x,y,\theta)$$

且

$$\partial_y g_0^*(x,x,\theta) = 0 \text{ , } \partial_{yy}^2 g_0^*(x,x,\theta) = \dot{C}^T(x,\theta)(C^{\otimes 2}(x,\theta))^{-1} \tag{4.97}$$

（Ⅲ）如果 $N=\dim(d)$，对于几乎所有 μ_θ 可测的 x，矩阵

$$(\partial_x f(x)\partial_{xx}^2 f(x)) \in \mathrm{R}^{N\times(d+d^2)}$$

具有满秩 $\dim(d)$，那么，

$$g_0^*(x,y,\theta) = \lim_{t\to 0}\begin{pmatrix} tg_1^*(t,x,y,\theta) \\ g_2^*(t,x,y,\theta) \end{pmatrix}$$

且

$$\partial_y g_0^*(x,x,\theta) = \begin{pmatrix} 0_{p'\times d} \\ \dot{\mu}_2^T(x,\theta)C^{-1}(x,\theta) \end{pmatrix} \tag{4.98}$$

$$\partial_{yy}^2 g_0^*(x,x,\theta) = \dot{C}_1^T(x,\theta)(C^{\otimes 2}(x,\theta))^{-1} \tag{4.99}$$

证明见 Jacobsen (2002)。

定理 4.7 给出了满足小 Δ−最优化条件的 $a^*(x,\theta)$ 解析式，定理 4.8 证明最优鞅估计函数同时满足小 Δ−最优化条件。因此，定理 4.7 给出的 $a^*(x,\theta)$ 也是最优鞅估计函数。

4.2.5 线性最优鞅估计函数和二次最优鞅估计函数

4.2.1 节给出了鞅估计函数的一般性框架，本节给出它的两个特例——线性鞅估计函数和二次鞅估计函数以及相应最优鞅估计函数。但是最优鞅估计函数的权重矩阵 $a^*(\Delta,x,\theta)$ 没有显性表达式，本节给出了它的近似式。

为叙述方便，假设扩散过程 X_t 满足以下一维随机微分方程：

$$\mathrm{d}X_t = \mu(X_t,\theta)\mathrm{d}t + \sigma(X_t,\theta)\mathrm{d}W_t$$

鞅估计函数一般表达式如下（见 4.2.1 节）：

$$G_n(\theta) = \sum_{i=1}^{n} g(\Delta_i, X_{t_{i-1}}, X_{t_i}, \theta)$$

其中，

$$g(\Delta,x,y,\theta)=\sum_{j=1}^{N}a_j(\Delta,x,\theta)h_j(\Delta,x,y,\theta)$$
$$h_j(\Delta,x,y,\theta)=f_j(y,\theta)-E_\theta(f(X_s)\mid X_0=x)$$

线性最优鞅估计函数

当 $N=1$ 且 $f(x)=x$ 时，即是 Bibby & Sorensen（1995）所给出的鞅估计函数，称之为线性鞅估计函数。设 $F(\Delta,x,\theta)$ 为定义如下的条件期望：

$$F(\Delta,x,\theta)=E_\theta(X_\Delta\mid X_0=x)=\int_l^r yp(\Delta,x,y,\theta)\mathrm{d}y$$

有：

$$h_1(\Delta,x,y,\theta)=y-F(\Delta,x,\theta)$$

得到线性鞅估计函数：

$$G_n(\theta)=\sum_{i=1}^{n}a(\Delta,X_{t_{i-1}},\theta)(X_{t_i}-F(\Delta,X_{t_{i-1}},\theta))$$

基于 4.2.3 节得到最优线性鞅估计函数如下：

$$G_n^*(\theta)=\sum_{i=1}^{n}\frac{\partial_\theta F(\Delta_i,X_{t_{i-1}},\theta)}{\phi(\Delta_i,X_{t_{i-1}},\theta)}[X_{t_i}-F(\Delta_i,X_{t_{i-1}},\theta)] \tag{4.100}$$

其中，条件方差 $\phi(\Delta,x,\theta)$ 定义为：

$$\begin{aligned}\phi(\Delta,x,\theta)&=\mathrm{var}_\theta(X_\Delta\mid X_0=x)\\&=\int_l^r[y-F(\Delta,x,\theta)]^2p(\Delta,x,y,\theta)\mathrm{d}y\end{aligned}$$

二次最优鞅估计函数

设 $N=2$，$f_1(x)=x$，$f_2(x)=(y-F(\Delta,x,\theta))^2$，即是 Bibby & Sorensen（1996）所给出的鞅估计函数，称之为二次鞅估计函数。

得到 $h_1(\Delta,x,y,\theta)$ 和 $h_2(\Delta,x,y,\theta)$ 如下：

$$h_1(\Delta,x,y,\theta)=y-F(\Delta,x,\theta)$$

$$h_2(\Delta,x,y,\theta)=(y-F(\Delta,x,\theta))^2-\phi(\Delta,x,\theta)$$

得到二次鞅估计函数：

$$G_n=\sum_{i=1}^{n}\{\alpha(\Delta_i,X_{t_{i-1}},\theta)[X_{t_i}-F(\Delta_i,X_{t_{i-1}},\theta)]$$
$$+\beta(\Delta_i,X_{t_{i-1}},\theta)[(X_{t_i}-F(\Delta_i,X_{t_{i-1}},\theta))^2-\phi(\Delta_i,X_{t_{i-1}},\theta)]\}$$

基于 4.2.3 节得到最优二次鞅估计函数如下：

$$G_n^*=\sum_{i=1}^{n}\{\alpha^*(\Delta_i,X_{t_{i-1}},\theta)[X_{t_i}-F(\Delta_i,X_{t_{i-1}},\theta)]$$
$$+\beta^*(\Delta_i,X_{t_{i-1}},\theta)[(X_{t_i}-F(\Delta_i,X_{t_{i-1}},\theta))^2-\phi(\Delta_i,X_{t_{i-1}},\theta)]\} \tag{4.101}$$

$$\alpha^*(x,\theta)=\frac{\partial_\theta\phi(x,\theta)\eta(x,\theta)-\partial_\theta F(x,\theta)\psi(x,\theta)}{\phi(x,\theta)\psi(x,\theta)-\eta(x,\theta)^2}$$

$$\beta^*(x,\theta)=\frac{\partial_\theta F(x,\theta)\eta(x,\theta)-\partial_\theta\phi(x,\theta)\phi(x,\theta)}{\phi(x,\theta)\psi(x,\theta)-\eta(x,\theta)^2}$$

其中，

$$\eta(x,\theta)=E_\theta([(X_\Delta-F(x,\theta))]^3\mid X_0=x)$$

$$\psi(x,\theta)=E_\theta([X_\Delta-F(x,\theta)]^4\mid X_0=x)-\phi(x,\theta)^2$$

为表示方便，上式中忽略了 Δ。

线性最优鞅估计函数和二次最优鞅估计函数的近似式

线性最优鞅估计函数使用了转移概率密度函数的一阶和二阶矩，二次最优鞅估计函数则使用了转移概率密度函数的前四阶矩。在一般情况下，转移概率密度函数是未知的，我们需要基于模拟法得到。但如果使用模拟法，就无法获得显性的最优鞅估计函数。对此，我们做以下处理：对于一阶和二阶矩，利用 Kessler（1997）关于扩散过程“母体”的展开式做近似。设 f 是 $2(k+1)$ 次连续可微函数，当 f 满足多项式增长（polynomial growth）性质时，扩散过程的函数有以下展开式：

$$E_\theta(f(X_{t+s}) \mid X_t) = \sum_{i=0}^{k} \frac{s^i}{i!} L_\theta^i f(X_t) + O(s^{k+1})$$

其中，L_θ 是由式（4.59）定义的扩散过程 X_t 的"母体"。

分别设 $f(x)=x$ 和 $f(x)=x^2$，得到：

$$\begin{aligned} F(\Delta,x,\theta) &= E_\theta(X_\Delta \mid X_0 = x) \\ &= x + \Delta\mu(x,\theta) + \frac{1}{2}\Delta^2\{\mu(x,\theta)\partial_x\mu(x,\theta) \\ &\quad + \frac{1}{2}v(x,\theta)\partial_x^2\mu(x,\theta)\} + O(\Delta^3) \end{aligned} \tag{4.102}$$

$$\begin{aligned} \phi(\Delta,x,\theta) &= \mathrm{var}_\theta(X_\Delta \mid X_0 = x) \\ &= \Delta v(x,\theta) + \Delta^2\left\{\frac{1}{2}\mu(x,\theta)\partial_x v(x,\theta) + v(x,\theta)\right. \\ &\quad \left.\left[\partial_x\mu(x,\theta) + \frac{1}{4}\partial_x^2 v(x,\theta)\right]\right\} + O(\Delta^3) \end{aligned} \tag{4.103}$$

其中，$v(x,\theta)=\sigma^2(x,\theta)$。

对于三阶和四阶矩（即对二次最优鞅估计函数），我们假设转移分布为正态分布（类似于准极大似然估计法），利用正态分布的矩性质消掉三阶和四阶矩。如果转移分布的一阶和二阶矩得到正确设定，所得到的估计量满足相合性。

在概率密度函数正态分布假设下，有：

$$\eta(x,\theta)=0\ ,\ \psi(x,\theta)=2\phi(x,\theta)^2$$

上文得到的 $\alpha^*(x,\theta)$ 和 $\beta^*(x,\theta)$ 可简化如下：

$$\alpha^*(x,\theta) = \frac{-\partial_\theta F(x,\theta)}{\phi(x,\theta)}\ ,\ \beta^*(x,\theta) = \frac{-\partial_\theta\phi(x,\theta)}{2\phi(x,\theta)^2} \tag{4.104}$$

从公式（4.102）和（4.103）右侧选取前 n 项近似 $F(\Delta,x,\theta)$ 和 $\phi(\Delta,x,\theta)$，通过控制 n，可得不同精度近似式，最常用的是 $O(\Delta^2)$ 阶近似，即：

$$F(t,x,\theta) = x + t\mu(x,\theta) + O(\Delta^2)\ ,\ \phi(t,x,\theta) = tv(x,\theta) + O(\Delta^2) \tag{4.105}$$

对 θ 求偏导，得到近似式：

$$\partial_\theta F(t,x,\theta)=t\partial_{\theta}\mu(x,\theta)\ ,\ \partial_\theta\phi(t,x,\theta)=t\partial_{\theta}v(x,\theta) \tag{4.106}$$

把公式（4.105）和（4.106）代入公式（4.100）、（4.101）和（4.104），得到线性最优鞅估计函数近似式如下：

$$\widetilde{G}_n^*(\theta)=\sum_{i=1}^{n}\frac{\partial_\theta\mu(X_{t_{i-1}},\theta)}{v(X_{t_{i-1}},\theta)}[X_{t_i}-X_{t_{i-1}}-\Delta_i\mu(X_{t_{i-1}},\theta)] \tag{4.107}$$

二次最优鞅估计函数的近似式如下：

$$\begin{aligned}\widetilde{G}_n^*(\theta)=-\sum_{i=1}^{n}\Big\{&\frac{\partial_\theta\mu(X_{t_{i-1}},\theta)}{v(X_{t_{i-1}},\theta)}[X_{t_i}-X_{t_{i-1}}-\Delta_i\mu(X_{t_{i-1}},\theta)]\\&+\frac{\partial_\theta v(X_{t_{i-1}},\theta)}{2v^2(X_{t_{i-1}},\theta)\Delta_i}[(X_{t_i}-X_{t_{i-1}}-\Delta_i\mu(X_{t_{i-1}},\theta))^2\\&-\Delta_i v(X_{t_{i-1}},\theta)]\Big\}\end{aligned} \tag{4.108}$$

4.3 实证检验

由于正态逆高斯分布在第二、三章的优异表现，本节只对正态逆高斯扩散过程做参数估计，其他广义双曲线扩散过程可用类似方法估计参数。

设扩散过程 X_t 满足以下一维随机微分方程：

$$\mathrm{d}X_t=\mu(X_t,\theta)\mathrm{d}t+\sigma(X_t,\theta)\mathrm{d}W_t$$

本节基于 1.5 阶强泰勒近似公式（4.47）对已知扩散过程进行离散抽样，然后利用最优鞅估计函数法估计扩散过程参数，以此检验鞅估计函数的估计效果。

4.3.1 零漂移正态逆高斯扩散过程的参数估计

（一）零漂移正态逆高斯扩散过程的离散化

对于零漂移正态逆高斯扩散过程，漂移系数和扩散系数平方项如下：

$$\mu(x,\theta)=0\ ,\ \sigma^2(x,\theta)=\frac{1}{f(x)}$$

其中，$f(x)$ 服从正态逆高斯分布。

令 $b=\sigma(x,\theta)$ ，等时间间隔下随机微分方程 1.5 阶强泰勒公式重新表述如下：

$$Y_{t+1}=Y_t+b\Delta W+\frac{1}{2}bb'[(\Delta W)^2-\Delta]+\frac{1}{2}b^2b''[\Delta W\Delta-\Delta Z]$$

$$+\frac{1}{2}b[bb''+(b')^2]\left[\frac{1}{3}(\Delta W)^2-\Delta\right]\Delta W$$

其中，$\Delta Z\sim N(0,\frac{1}{3}\Delta^3)$ ，ΔZ 和 ΔW 的协方差矩阵为 $E(\Delta Z\Delta W)=\frac{1}{2}\Delta^2$ 。

随机变量 ΔZ 和 ΔW 按以下方法从 $i.i.d$ 标准正态分布变量 U_1 和 U_2 转换生成：

$$\Delta W=U_1\sqrt{\Delta}\ ,\ \Delta Z=\frac{1}{2}\Delta^{3/2}(U_1+\frac{1}{\sqrt{3}}U_2)$$

设 $f(x)\sim \mathrm{NIG}(\alpha,\beta,\mu,\delta)$ ，一维正态逆高斯分布概率密度函数如下：

$$f_{\mathrm{NIG}}(x;\alpha,\beta,\mu,\delta)=a(\alpha,\beta,\delta)\frac{K_1(\alpha\sqrt{\delta^2+(x-\mu)^2})}{\sqrt{\delta^2+(x-\mu)^2}}e^{\beta(x-\mu)}$$

其中，$a(\alpha,\beta,\delta)=\frac{\alpha\delta\exp(\delta\sqrt{\alpha^2-\beta^2})}{\pi}$。

根据第三类修正贝塞尔函数性质：

$$\frac{\mathrm{d}K_\lambda(x)}{\mathrm{d}x}=\frac{1}{2}(K_{\lambda+1}(x)+K_{\lambda-1}(x))$$

令 $f(x)\equiv f_{\mathrm{NIG}}(x;\alpha,\beta,\mu,\delta)$ ，$y=\alpha\sqrt{\delta^2+(x-\mu)^2}$ ，$g(y)\mid_\lambda\equiv\frac{\alpha K_\lambda(y)}{y}$

有：$y'=\frac{\mathrm{d}y}{\mathrm{d}x}=\frac{\alpha(x-\mu)}{\sqrt{\delta^2+(x-\mu)^2}},y''=\frac{\alpha}{\sqrt{\delta^2+(x-\mu)^2}}-\frac{\alpha(x-\mu)^2}{[\delta^2+(x-\mu)^2]^{1.5}}$ ，

$$g'(y)\mid_\lambda=\frac{\alpha}{2}\frac{K_{\lambda+1}(y)+K_{\lambda-1}(y)}{y}-\frac{\alpha K_\lambda(y)}{y^2},$$

$$g'(y)\mid_{\lambda=1}=\frac{\alpha}{2}\frac{K_2(y)+K_0(y)}{y}-\frac{\alpha K_1(y)}{y^2},$$

$$g''(y)\mid_{\lambda=1}=\frac{g'(y)\mid_{\lambda=2}+g'(y)\mid_{\lambda=0}}{2}-\frac{g'(y)\mid_{\lambda=1}}{y}+\frac{g(y)\mid_{\lambda=1}}{y^2}$$

得到：$f(x)=a(\alpha,\beta,\delta)g(y)\mid_{\lambda=1}e^{\beta(x-\mu)}$

$$f'(x)=a(\alpha,\beta,\delta)e^{\beta(x-\mu)}\left[y'g'(y)\mid_{\lambda=1}+\beta g(y)\mid_{\lambda=1}\right]$$

$$f''(x)=\beta f'(x)+a(\alpha,\beta,\delta)e^{\beta(x-\mu)}$$

$$\left[(y')^2g''(y)\mid_{\lambda=1}+y''g'(y)\mid_{\lambda=1}+\beta y'g'(y)\mid_{\lambda=1}\right]$$

基于以上结果，易计算以下等式：

$$b=f(x)^{-0.5}\ ,\ b'=-0.5f(x)^{-1.5}f'(x)$$

$$b''=0.75f(x)^{-5/2}(f'(x))^2-0.5f(x)^{-1.5}f''(x)$$

令 $\alpha=3$，$\beta=2$，$\mu=0.1$，$\delta=1$，$\Delta=0.0001$，基于随机微分方程 1.5 阶强泰勒近似公式生成 10 000 个样本的“轨迹”（初始值为零），得到轨迹图如图 4—3 所示。

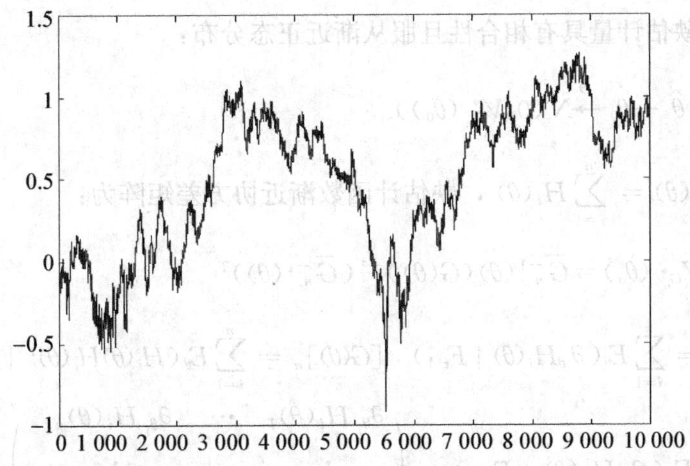

图 4—3 零漂移正态逆高斯扩散过程 1.5 阶强泰勒近似法生成的“轨迹图”

（二）最优鞅估计函数

令 $v(x,\theta)=\sigma^2(x,\theta)$，时间间隔为等间距 Δ，根据公式（4.107）得到

零漂移正态逆高斯扩散过程的线性最优鞅估计函数近似式：

$$\widetilde{G}_n^*(\theta)=\sum_{i=1}^{n}\frac{\partial_\theta\mu(X_{(i-1)\Delta},\theta)}{v(X_{(i-1)\Delta},\theta)}[X_{i\Delta}-X_{(i-1)\Delta}-\Delta\mu(X_{(i-1)\Delta},\theta)]$$

因为 $\mu(X_t,\theta)=0$，故无法使用线性最优鞅估计函数进行参数估计。

根据公式（4.108）得到零漂移正态逆高斯扩散过程的二次最优鞅估计函数近似式：

$$\begin{aligned}\widetilde{G}_n^*(\theta)=-\sum_{i=1}^{n}\Big\{&\frac{\partial_\theta\mu(X_{(i-1)\Delta},\theta)}{v(X_{(i-1)\Delta},\theta)}[X_{i\Delta}-X_{(i-1)\Delta}-\Delta\mu(X_{(i-1)\Delta},\theta)]\\&+\frac{\partial_\theta v(X_{(i-1)\Delta},\theta)}{2v^2(X_{(i-1)\Delta},\theta)\Delta}[(X_{i\Delta}-X_{(i-1)\Delta}-\Delta\mu(X_{(i-1)\Delta},\theta))^2\\&-\Delta v(X_{(i-1)\Delta},\theta)]\Big\}\end{aligned}$$

因为 $\mu(X_t,\theta)=0$，二次最优鞅估计函数近似式可重新表述如下①：

$$\widetilde{G}_n^*(\theta)=-\sum_{i=1}^{n}\left\{\frac{\partial_\theta v(X_{(i-1)\Delta},\theta)}{2v^2(X_{(i-1)\Delta},\theta)\Delta}[(X_{i\Delta}-X_{(i-1)\Delta})^2-\Delta v(X_{(i-1)\Delta},\theta)]\right\}$$

最优鞅估计量具有相合性且服从渐近正态分布：

$$\hat{\theta}-\theta_0\xrightarrow{D}N(0,V_{G_n}^*(\theta_0))$$

令 $G_n(\theta)=\sum_{i=1}^{n}H_i(\theta)$，鞅估计函数渐近协方差矩阵为：

$$V_{G_n^*}(\theta_0)=\bar{G}_n^{-1}(\theta)(G(\theta))_n^{-1}(\bar{G}_n^{-1}(\theta))^T$$

其中，$\bar{G}_n=\sum_{i=1}^{n}E_\theta(\partial_\theta H_i(\theta)\mid F_{i-1})$，$[G(\theta)]_n=\sum_{i=1}^{n}E_\theta(H_i(\theta)H_i(\theta)^T\mid F_{i-1})$，

$$E_\theta(\partial_\theta H_i(\theta)\mid F_{i-1})=\begin{pmatrix}\partial_{\theta_1}H_i(\theta)_1 & \cdots & \partial_{\theta_1}H_i(\theta)_p\\ \vdots & & \vdots\\ \partial_{\theta_p}H_i(\theta)_1 & \cdots & \partial_{\theta_p}H_i(\theta)_p\end{pmatrix}$$

① 该式即为 Bibby（1994）给出的最优鞅估计函数近似式。

求解方程组 $\widetilde{G}_n^*(\theta)=0$，得到参数估计量和鞅估计函数值如下：

$$\hat{\alpha}=2.1926,\ \hat{\beta}=1.3840,\ \hat{\mu}=0.2632,\ \hat{\delta}=0.8802$$

$$[G_\alpha^*, G_\beta^*, G_\mu^*, G_\delta^*]=[-0.60, 0.76, -0.99, 3.26]\times 10^{-11}$$

用估计值 $\hat{\theta}$ 代替真实值 θ_0，得到渐近协方差矩阵：

$$\begin{pmatrix} 0.3724 & 0.2284 & -0.0641 & 0.0710 \\ 0.2284 & 0.1455 & -0.0408 & 0.0417 \\ -0.0641 & -0.0408 & 0.0116 & -0.0118 \\ 0.0710 & 0.0417 & -0.0118 & 0.0147 \end{pmatrix}$$

基于真实参数和参数估计量绘出相应正态逆高斯分布曲线（图 4—4）。

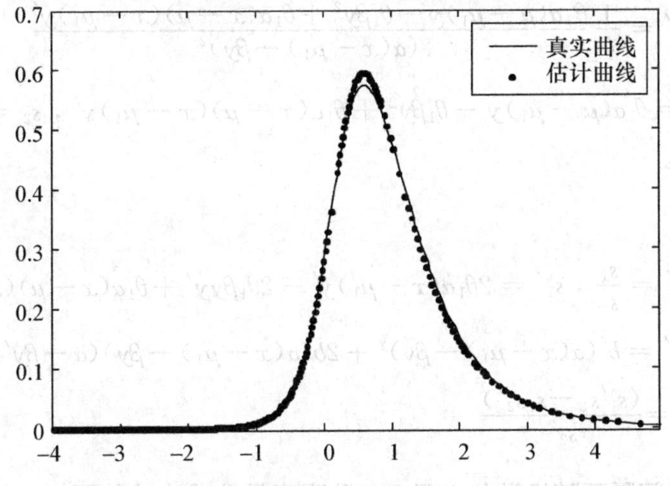

图 4—4　真实正态逆高斯曲线和估计正态逆高斯曲线

4.3.2　均值回复正态逆高斯扩散过程的参数估计

（一）均值回复正态逆高斯扩散过程的离散化

注意：下文中 θ 代表待估参数向量的集合，θ_1 则是待估参数之一。

从 4.1.1 节和 4.1.2 节可知，均值回复广义双曲线扩散过程的漂移系数和扩散系数平方项鞍点近似式如下：

$$\mu(x,\theta_1)=-\theta_1(x-\mu)\text{，}\hat{\sigma}^2(x,\theta)=\frac{2\theta(x-\mu)\sqrt{(x-\mu_1)^2+\delta^2}}{\alpha(x-\mu_1)-\beta\sqrt{(x-\mu_1)^2+\delta^2}}$$

其中，均值 $\mu=\mu_1+\beta\frac{\delta}{\sqrt{\alpha^2-\beta^2}}$。

令 $a=\mu(x,\theta)$，$b=\sigma(x,\theta)$，$y=\sqrt{(x-\mu_1)^2+\delta^2}$，$b=\sqrt{\frac{2\theta_1(x-\mu)y}{\alpha(x-\mu_1)-\beta y}}$

$$y'=(x-\mu_1)/y\text{，}y''=\frac{y-(x-\mu_1)y'}{y^2}$$

得到 a 和 b 关于 x 的一阶、二阶导数：

$$a'=-\theta_1\text{，}a''=0$$

$$b'=\frac{1}{b}\frac{\theta_1\alpha(\mu-\mu_1)y-\theta_1\beta y^2+\theta_1\alpha(x-\mu)(x-\mu_1)y'}{(\alpha(x-\mu_1)-\beta y)^2}$$

令 $s_1=\theta_1\alpha(\mu-\mu_1)y-\theta_1\beta y^2+\theta_1\alpha(x-\mu)(x-\mu_1)y'$，$s_2=b(\alpha(x-\mu_1)-\beta y)^2$。

则，

$$b'=\frac{s_1}{s_2}\text{，}{s_1}'=2\theta_1\alpha(x-\mu_1)y'-2\theta_1\beta yy'+\theta_1\alpha(x-\mu)(x-\mu_1)y''$$

$${s_2}'=b'(\alpha(x-\mu_1)-\beta y)^2+2b(\alpha(x-\mu_1)-\beta y)(\alpha-\beta y')\text{，}$$

$$b''=\frac{({s_1}'s_2-s_1{s_2}')}{{s_2}^2}$$

等时间间隔下随机微分方程 1.5 阶强泰勒公式表述如下：

$$\begin{aligned}Y_{t+1}&=Y_t+a\Delta+b\Delta W+\frac{1}{2}bb'[(\Delta W)^2-\Delta]\\&+a'b\Delta Z+\frac{1}{2}(aa'+\frac{1}{2}b^2a'')\Delta^2+(ab'+\frac{1}{2}b^2b'')[\Delta W\Delta-\Delta Z]\\&+\frac{1}{2}b[bb''+(b')^2]\left[\frac{1}{3}(\Delta W)^2-\Delta\right]\Delta W\end{aligned}$$

其中，$\Delta Z\sim N(0,\frac{1}{3}\Delta^3)$，$\Delta Z$ 和 ΔW 的协方差矩阵为 $E(\Delta Z\Delta W)=\frac{1}{2}\Delta^2$。

令 $\alpha=3$，$\beta=2$，$\mu=0.1$，$\delta=1$，$\theta_1=0.5$，$\Delta=0.001$，基于随机微分方程 1.5 阶强泰勒近似公式生成 10 000 个样本的“轨迹”（初始值为零），得到样本量为 10 000 的轨迹图（图 4—5）。下面利用最优鞅估计函数和 MCMC 法估计扩散过程的参数。

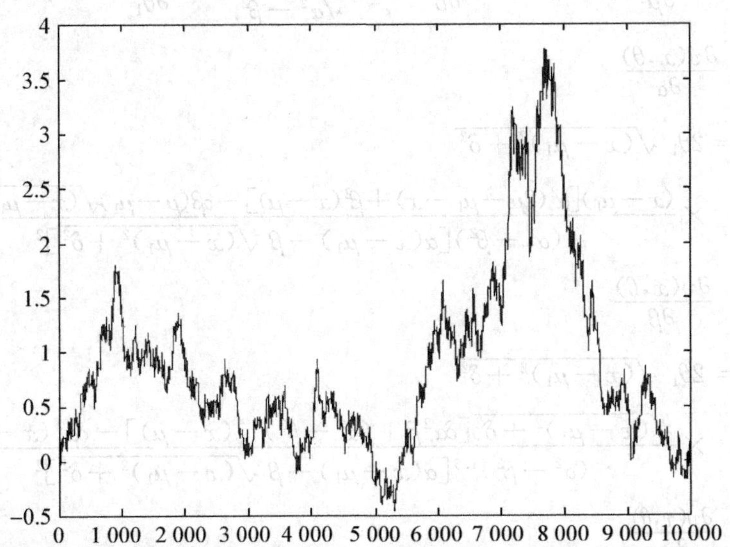

图 4—5　均值回复 NIG 扩散过程 1.5 阶强泰勒近似法生成的样本轨迹

（二）最优鞅估计函数法

令 $v(x,\theta)=\sigma^2(x,\theta)$，时间间隔为等间距 Δ，根据公式（4.108）得到零漂移正态逆高斯扩散过程的二次最优鞅估计函数近似式：

$$\widetilde{G}_n^*(\theta)=-\sum_{i=1}^{n}\left\{\frac{\partial_\theta\mu(X_{(i-1)\Delta},\theta_1)}{v(X_{(i-1)\Delta},\theta)}\left[X_{i\Delta}-X_{(i-1)\Delta}-\Delta\mu(X_{(i-1)\Delta},\theta_1)\right]\right.$$
$$\left.+\frac{\partial_\theta v(X_{(i-1)\Delta},\theta)}{2v^2(X_{(i-1)\Delta},\theta)\Delta}\left[\begin{array}{l}(X_{i\Delta}-X_{(i-1)\Delta}-\Delta\mu(X_{(i-1)\Delta},\theta_1))^2\\-\Delta v(X_{(i-1)\Delta},\theta)\end{array}\right]\right\}$$

因为：

$$\mu(x,\theta_1)=-\theta_1(x-\mu)\text{，}\mu=\mu_1+\frac{\beta\delta}{\sqrt{\alpha^2-\beta^2}}$$

$$v(x,\theta)=\frac{2\theta_1(x-\mu)\sqrt{(x-\mu_1)^2+\delta^2}}{\alpha(x-\mu_1)-\beta\sqrt{(x-\mu_1)^2+\delta^2}}$$

所以，有：

$$\frac{\partial\mu(x,\theta_1)}{\partial\alpha}=-\frac{\theta_1\delta\alpha\beta}{(\alpha^2-\beta^2)^{1.5}}，\frac{\partial\mu(x,\theta_1)}{\partial\beta}=\frac{\theta_1\delta\alpha^2}{(\alpha^2-\beta^2)^{1.5}}$$

$$\frac{\partial\mu(x,\theta_1)}{\partial\mu_1}=\theta_1，\frac{\partial\mu(x,\theta_1)}{\partial\delta}=\frac{\theta_1\beta}{\sqrt{\alpha^2-\beta^2}}，\frac{\partial\mu(x,\theta_1)}{\partial\theta_1}=\mu-x$$

$$\frac{\partial v(x,\theta)}{\partial\alpha}$$

$$=2\theta_1\sqrt{(x-\mu_1)^2+\delta^2}$$

$$\times\frac{(x-\mu_1)[\alpha^2(2\mu-\mu_1-x)+\beta^2(x-\mu)]-\alpha\beta(\mu-\mu_1)\sqrt{(x-\mu_1)^2+\delta^2}}{(\alpha^2-\beta^2)[\alpha(x-\mu_1)-\beta\sqrt{(x-\mu_1)^2+\delta^2}]^2}$$

$$\frac{\partial v(x,\theta)}{\partial\beta}$$

$$=2\theta_1\sqrt{(x-\mu_1)^2+\delta^2}$$

$$\times\frac{\sqrt{(x-\mu_1)^2+\delta^2}[\delta\alpha^2\beta+(\alpha^2-\beta^2)^{1.5}(x-\mu)]-\delta\alpha^3(x-\mu_1)}{(\alpha^2-\beta^2)^{1.5}[\alpha(x-\mu_1)-\beta\sqrt{(x-\mu_1)^2+\delta^2}]^2}$$

$$\frac{\partial v(x,\theta)}{\partial\mu_1}$$

$$=2\theta_1\times\frac{\beta[(x-\mu_1)^2+\delta^2]^{1.5}-\alpha(x-\mu)(x-\mu_1)^2-\frac{\alpha\beta\delta}{\sqrt{\alpha^2-\beta^2}}[(x-\mu_1)^2+\delta^2]}{\sqrt{(x-\mu_1)^2+\delta^2}[\alpha(x-\mu_1)-\beta\sqrt{(x-\mu_1)^2+\delta^2}]^2}$$

$$\frac{\partial v(x,\theta)}{\partial\delta}$$

$$=2\theta_1\times\frac{\alpha\delta\sqrt{\alpha^2-\beta^2}(x-\mu_1)(x-\mu)-\alpha\beta(x-\mu_1)[(x-\mu_1)^2+\delta^2]+\beta^2[(x-\mu_1)^2+\delta^2]^{1.5}}{\sqrt{\alpha^2-\beta^2}\sqrt{(x-\mu_1)^2+\delta^2}[\alpha(x-\mu_1)-\beta\sqrt{(x-\mu_1)^2+\delta^2}]^2}$$

$$\frac{\partial v(x,\theta)}{\partial\theta_1}=\frac{2(x-\mu)\sqrt{(x-\mu_1)^2+\delta^2}}{\alpha(x-\mu_1)-\beta\sqrt{(x-\mu_1)^2+\delta^2}}$$

求解方程组 $\widetilde{G}_n^*(\theta)=0$ 。此外，根据扩散过程的随机微分方程，得到以下关系：

$$\frac{E(Y_N)}{N\theta_1}+\overline{Y}=\mu$$

因为$\theta_1 > 0$，当N足够大时，有$\mu - \overline{Y} = 0$，并把该约束加入方程组$\widetilde{G}_n^*(\theta) = 0$。当初始值为[3,2,0,1,0.5]时，得到参数估计量和鞅估计函数如下，相应正态逆高斯曲线对应图4—6中的"估计曲线1"：

$\hat{\alpha} = 2.9194$，$\hat{\beta} = 1.8014$，$\hat{\mu}_1 = 0.0708$，$\hat{\delta} = 1.0088$，$\hat{\theta}_1 = 0.5036$

$[G_\alpha^*, G_\beta^*, G_{\mu_1}^*, G_\delta^*, G_{\theta_1}^*] = [-0.0488, -0.8702, 0.5519, -0.8735, 1.4112]$

附加约束结果为：$\hat{\mu} - \overline{Y} = 2.62 \times 10^{-4}$。

得到渐近协方差矩阵如下：

$$\begin{pmatrix} 0.0081 & -0.0350 & 0.0203 & 0.0139 & 0.0131 \\ -0.0350 & 0.1505 & -0.0870 & -0.0607 & -0.0562 \\ 0.0203 & -0.0870 & 0.0505 & 0.0347 & 0.0325 \\ 0.0139 & -0.0607 & 0.0347 & 0.0260 & 0.0225 \\ 0.0131 & -0.0562 & 0.0325 & 0.0225 & 0.5328 \end{pmatrix} \times 10^{-4}$$

当初始值为[4,3,0.3,1.3,0.9]时，得到参数估计量和鞅估计函数如下，相应正态逆高斯曲线对应图4—6中的"估计曲线2"：

$\hat{\alpha} = 2.9832$，$\hat{\beta} = 1.8395$，$\hat{\mu}_1 = 0.0822$，$\hat{\delta} = 0.9988$，$\hat{\theta}_1 = 0.5209$

$[G_\alpha^*, G_\beta^*, G_{\mu_1}^*, G_\delta^*, G_{\theta_1}^*] = [-0.0195, -0.0400, 2.3776, -6.6784, -1.4361]$

附加约束结果为：$\hat{\mu} - \overline{Y} = 0.2979 \times 10^{-4}$。

基于真实参数和参数估计量绘出相应正态逆高斯分布曲线（图4—6）。

获得渐近协方差矩阵如下：

$$\begin{pmatrix} 0.3338 & 0.1211 & -0.0020 & -0.0251 & 0.0856 \\ 0.1211 & 0.1618 & 0.0092 & 0.0254 & -0.0048 \\ -0.0020 & 0.0092 & 0.0078 & 0.0023 & -0.0013 \\ -0.0251 & 0.0254 & 0.0023 & 0.0137 & -0.0177 \\ 0.0856 & -0.0048 & -0.0013 & -0.0177 & 0.0338 \end{pmatrix}$$

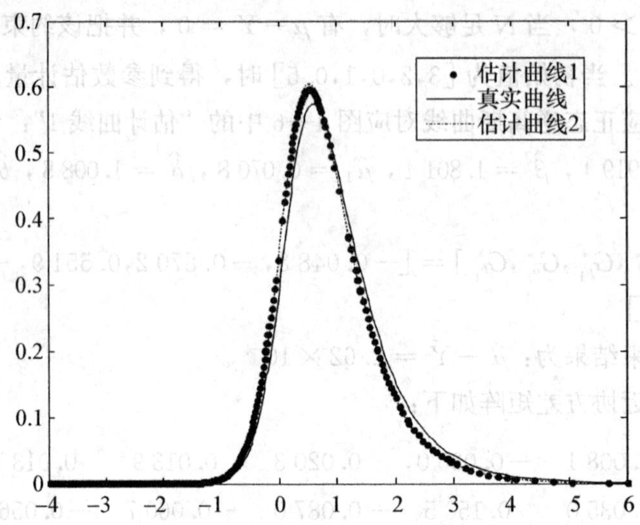

图 4—6　真实正态逆高斯曲线和两条估计正态逆高斯曲线

4.3.3　最优鞅估计函数的参数估计经验

最优鞅估计函数法得到的参数估计值与初始值有较大关系。这就要求我们在建模时对实际问题有先验性的认识，对待估参数的大概范围做到心中有数。在文章写作过程中，对于初始值的选择及更换问题，我们有以下三条处理经验：

第一，给出待估参数值的大致范围，多用几组初始值做实验，观察估计结果的稳定性；

第二，观察鞅函数值和其他约束。鞅函数值和其他约束越接近于零，说明估计量初步合格；

第三，观察渐近协方差矩阵。一般来说，渐近协方差矩阵越小，得到的参数估计量越精确。

4.4　小结

本章在 Rydberg（1999），Bibby，Skovgaard & Sorensen（2005）研究

基础上，重新诠释了扩散过程边际密度函数的推导，把它们纳入以规模测度、速度测度为工具的统一框架。因为扩散过程以连续形式的随机微分方程表示，而实际金融数据以离散形式存在，为此需要在两者之间架起一道连接的桥梁。通常采用的欧拉近似法存在较大的离散偏差，本书基于 Kloeden & Platen（1992）的专著，介绍了常用的 Milstein 近似和 1.5 阶强泰勒近似，并作了实证检验。结果表明：Milstein 近似和 1.5 阶强泰勒近似对连续随机微分方程表现出良好的近似能力。

在扩散过程参数估计方法上，本书以 Bibby，Jacobsen & Sorensen（2004）为基础，对鞅估计函数法作了系统介绍，并对参数估计效果作了实证检验。为了更准确生成服从特定边际分布的随机变量，本书基于 1.5 阶强泰勒近似法对零均值扩散过程和均值回复扩散过程作离散抽样，然后利用最优鞅估计函数估计模型参数，结果显示：鞅估计函数法能够快速、准确地对正态逆高斯扩散过程作出参数估计，并且能获得有关估计精度的信息——渐近协方差矩阵。

第五章

广义双曲线分布与风险度量

CVaR 是满足一致性的风险度量指标，在风险管理领域有着广泛的应用。本章基于鞍点近似技术推导出 CVaR 解析公式，并基于伽玛分布、贝塔分布和正态逆高斯分布对 CVaR 鞍点解析式进行实证检验。

5.1 CVaR 的鞍点解析式

5.1.1 一致性与 CVaR

Artzner et al.（1999）给出了风险度量指标一致性的定义：

令 ρ 为任意风险度量指标，$\lambda > 0$，$a \in R$，对任意资产组合 X，X_1，X_2，如果风险度量 ρ 满足以下四个公理，则称该风险度量 ρ 满足一致性。

公理 5.1° 平移不变性（translation invariant）

$$\rho(X+a)=\rho(X)-a \tag{5.1}$$

公理 5.2° 正则齐次性（positively homogeneous）

$$\rho(\lambda X)=\lambda\rho(X) \tag{5.2}$$

公理 5.3° 次可加性（subadditive）

$$\rho(X_1+X_2)\leqslant\rho(X_1)+\rho(X_2) \tag{5.3}$$

公理 5.4° 单调性（monotonous）

如果 $X_1\leqslant X_2$，有 $\rho(X_1)\leqslant\rho(X_2)$

因为 VaR 不满足公理 5.3°，所以不是一致性风险度量指标。最常用的一致性风险度量指标是 CVaR，目前已经引起业界的广泛关注。Rockafellar & Uryasev（2002）较早讨论了 CVaR 的概念和性质，证明它是一个一致性风险度量指标；Acerbi & Tasche（2002a，2002b）引入一个 CVaR 的等价概念“期望短缺”（expected shortfall，ES）。本节在损失函数连续分布假设下，给出损失分布 VaR 和 CVaR 的定义。

设初始投资总额 w_0，其中购买风险证券 u_i（$i=1,2,\cdots,n$）单位，当前价格 m_i，期末价格 C_i，无风险债券投资 a_0，无风险利率为 r_0。期初投资约束为：

$$w_0=a_0+\sum_{i=1}^{n}u_im_i \tag{5.4}$$

考虑时间价值的单位资产 i 的收益 x_i，$x_i=C_i-m_i(1+r_0)$，$i=1,2,\cdots,n$。

期末（这里指 1 年）证券组合价值为：

$$w_1=a_0(1+r_0)+\sum_{i=1}^{n}u_iC_i=w_0(1+r_0)+\sum_{i=1}^{n}u_iy_i$$

期末证券组合损失价值为 $X=f(u,x)$：

$$f(u,x)=w_0(1+r_0)-w_1=-\sum_{i=1}^{n}u_ix_i \tag{5.5}$$

令：

$$\Psi(u,\zeta)=\Pr\{f(u,x)\leqslant\zeta\} \tag{5.6}$$

资产组合损失分布 VaR（u，α）定义如下，其中 $\alpha\in(0,1)$：

$$\zeta_\alpha(u)=\min\{\zeta\mid\Psi(u,\zeta)\geqslant\alpha\} \tag{5.7}$$

与 VaR（u，α）对应的 CVaR 定义为：

$$\phi_\alpha(u)=E[X\mid X>\zeta_\alpha(u)] \tag{5.8}$$

式（5.7）表明：在累积分布函数不小于置信度 α 的集合中，VaR（u，α）是该集合的最小值；式（5.8）则表明与之对应的 CVaR 是损失超出 VaR（u，α）的条件均值。

5.1.2 Lugannani-Rice 公式和 VaR 的鞍点解析式

Daniels（1954）把鞍点近似法创造性地引入统计中，Lugannani & Rice（1980）发现的尾部概率近似公式极大推动了鞍点法的应用。本节给出鞍点的定义，然后利用 Lugannani-Rice 公式计算损失分布 VaR 值。

鞍点定义：令累积母函数为 $K(z)$，如果有

$$K'(\hat{t})=l \tag{5.9}$$

则 $\hat{t}$ 是损失 $X=l$ 的鞍点。

Lugannani-Rice 公式。在鞍点已知条件下，尾部概率可用 Lugannani-Rice 公式近似

$$\Pr\{X>l\}=1-\alpha\approx1-\Phi(w)+\phi(w)\left(\frac{1}{u}-\frac{1}{w}\right) \tag{5.10}$$

其中，$w=\text{sign}(\hat{t})\sqrt{2(\hat{t}l-K(\hat{t}))}$，$u=\hat{t}\sqrt{K''(\hat{t})}$，$\Phi$ 和 ϕ 分别代表标准正态分布的累积分布函数和概率密度函数

$$\text{sign}(\hat{t})=\begin{cases}1, & \hat{t}>0\\ 0, & \hat{t}=0\\ -1, & \hat{t}<0\end{cases}$$

因为分位数 α 取决于损失 l 和鞍点值两个因素，而鞍点值也和损失 l 相

对应，所以本质上分位数是 l 的函数。为此，我们先大致确定 l 的取值范围，然后利用 Lugannani-Rice 公式，得出配对表 $<1-F(l),\ l>$，查找满足 $1-F(l)=1-\alpha$ 的 l 值，其相应区间端点值为鞍点 $\hat{t}$，α 为置信度。

5.1.3 CVaR 鞍点解析式的推导

在讨论 *CVaR* 鞍点解析式时我们参考了 *Daniels*（1987）中公式（3.6）的算法，为统一符号把公式（3.6）改写成公式（5.11）：

$$\Pr\{X>l\}=\exp(\hat{K}-\hat{t}\,l)\frac{1}{2\pi i}\int_{c-i\infty}^{c+i\infty}\exp\left(\frac{1}{2}\hat{K}''(s-\hat{t})^2\right)\frac{ds}{s}\left\{1+\frac{1}{6}\hat{K}'''(s-\hat{t})^3+\frac{1}{24}\hat{K}^{(4)}(s-\hat{t})^4+\frac{1}{72}(\hat{K}''')^2(s-\hat{t})^6+\cdots\right\}$$

$$=\exp(\hat{K}-\hat{t}\,l+0.5\hat{z}^2)\frac{1}{2\pi i}\int_{c-i\infty}^{c+i\infty}e^{\frac{1}{2}z^2-\hat{z}z}\frac{dz}{z}\left\{1+\frac{1}{6}\lambda_3(z-\hat{z})^3+\frac{1}{24}\lambda_4(z-\hat{z})^4+\frac{1}{72}(\lambda_3)^2(z-\hat{z})^6+\cdots\right\}\quad(5.11)$$

其中，

$$\hat{K}^{(n)}=K^{(n)}(\hat{t}),\ z=t(\hat{K}'')^{0.5},\ \hat{z}=\hat{t}(\hat{K}'')^{0.5}$$
$$\lambda_n=\hat{K}^{(n)}/(\hat{K}'')^{n/2},\ c>0,\ n=0,1,2,3,\cdots$$

引理 5.1 令 m 为正整数，$m>0$，

$$I_r=\frac{1}{2\pi i}\int_{c-i\infty}^{c+i\infty}e^{\frac{1}{2}z^2-\hat{z}z}(z-\hat{z})^r\frac{dz}{z}\quad(5.12)$$

则 I_m 满足下面关系式：

$$I_0=1-\Phi(\hat{z}),\ I_{2m}=-\hat{z}I_{2m-1}{}^{①},\ I_{2m+1}=-\hat{z}I_{2m}+(-1)^m a_m\phi(\hat{z})\quad(5.13)$$

其中，$a_0=1$，$a_m=(2m-1)!!$，$\phi(\hat{z})$ 和 $\Phi(\hat{z})$ 分别是标准正态分布概率密度函数和累积密度函数。

---

① Daniels(1987)原文中在此处存在错误，应修正为本书所给结果。

证明见 Daniles（1987）。

定理 5.1 设分布存在 n 阶可导的累积母函数（$n=1, 2, 3, \cdots$），当相对误差为 $O(\lambda_3\lambda_4)$ 时，尾部概率的鞍点解析式可表示如下：

$$\Pr\{X>l\}\approx\exp(\hat{K}-\hat{t}l+0.5\hat{z}^2)\Big\{1-\Phi(\hat{z})+\frac{1}{6}\lambda_3[-\hat{z}^3(1-\Phi(\hat{z}))+\hat{z}^2\phi(\hat{z})-\phi(\hat{z})]+\frac{1}{24}\lambda_4[\hat{z}^4(1-\Phi(\hat{z}))-\hat{z}^3\phi(\hat{z})+\hat{z}\phi(\hat{z})]+\frac{1}{72}\lambda_3^2[\hat{z}^6(1-\Phi(\hat{z}))-\hat{z}^5\phi(\hat{z})+\hat{z}^3\phi(\hat{z})-3\hat{z}\phi(\hat{z})]\Big\} \tag{5.14}$$

证明：

截取公式（5.11）前四项，得到如下表达式：

$$\Pr\{X>l\}=\exp(\hat{K}-\hat{t}l+0.5\hat{z}^2)\Big[I_0+\frac{1}{6}\lambda_3I_3+\frac{1}{24}\lambda_4I_4+\frac{1}{72}(\lambda_3)^2I_6+O(\lambda_3\lambda_4)\Big] \tag{5.15}$$

由引理 5.1，可知：

$$I_0=1-\Phi(\hat{z}),I_3=-\hat{z}^3(1-\Phi(\hat{z}))+\hat{z}^2\phi(\hat{z})-\phi(\hat{z}),$$
$$I_4=\hat{z}^4(1-\Phi(\hat{z}))-\hat{z}^3\phi(\hat{z})+\hat{z}\phi(\hat{z}),$$
$$I_6=\hat{z}^6(1-\Phi(\hat{z})-\hat{z}^5\phi(\hat{z})+\hat{z}^3\phi(\hat{z})-3\hat{z}\phi(\hat{z})。$$

将 I_0、I_3、I_4、I_6 代入公式（5.15），可得公式（5.14）。

证毕。

命题 5.1 令 $\Pr\{X>l\}$ 表示 X 大于 $\zeta_\alpha(u)$ 的概率，有下式成立：

$$P(L>\zeta_\alpha(u))=\frac{1}{2\pi i}\int_{c-i\infty}^{c+i\infty}\exp(K(s)-s\zeta_\alpha(u))\frac{\mathrm{d}s}{s} \tag{5.16}$$

证明见 Martin 等（2001）。

引理 5.2 $\zeta_\alpha(u)$ 所对应 CVaR 的鞍点表达式如下：

$$\phi_\alpha(u)=\zeta_\alpha(u)+\frac{1}{1-\alpha}\left[\frac{1}{2\pi i}\int_{c-i\infty}^{c+i\infty}\frac{\exp(K(s)-s\zeta_\alpha(u))}{s^2}\mathrm{d}s\right]\Bigg|_{c>0} \tag{5.17}$$

证明见附录 A。

定理 5.2 设分布存在 n 阶可导的累积母函数，当相对误差为 $O(\lambda_3\lambda_4)$ 时，$\zeta_\alpha(u)$ 所对应的 CVaR 值 $\phi_\alpha(u)$ 的鞍点近似解析式如下：

$$\phi_\alpha(u)\approx\zeta_\alpha(u)+\frac{1}{1-\alpha}[\exp(\hat{K}-l\hat{t}+0.5\hat{z}^2)\sqrt{K''(\hat{t})}$$
$$(M_0+\frac{1}{6}\lambda_3M_3+\frac{1}{24}\lambda_4M_4+\frac{1}{72}\lambda_3{}^2M_6)] \tag{5.18}$$

其中，

$$M_0=-\hat{z}(1-\Phi(\hat{z}))+\phi(\hat{z})$$
$$M_3=\hat{z}^4(1-\Phi(\hat{z}))+3\hat{z}^2(1-\Phi(\hat{z}))-\hat{z}^3\phi(\hat{z})-2\hat{z}\phi(\hat{z})$$
$$M_4=-\hat{z}^5(1-\Phi(\hat{z}))-4\hat{z}^3(1-\Phi(\hat{z}))+\hat{z}^4\phi(\hat{z})+3\hat{z}^2\phi(\hat{z})-\phi(\hat{z})$$
$$M_6=-\hat{z}^7(1-\Phi(\hat{z}))-6\hat{z}^5(1-\Phi(\hat{z}))+\hat{z}^6\phi(\hat{z})+5\hat{z}^4\phi(\hat{z})-3\hat{z}^2\phi(\hat{z})+3\phi(\hat{z})$$

证明见附录 B。

5.2 CVaR 鞍点解析式精度检验

5.2.1 基于伽玛分布的检验

伽玛分布概率密度函数为：

$$f(x)=\frac{x^{\beta-1}e^{-x/\gamma}}{\Gamma(\beta)\gamma^\beta}$$

令 $\beta=1$，$\gamma=1$，置信度 α 对应的 VaR 和 CVaR 准确值为：

$$\zeta_\alpha=-\ln(1-\alpha)\text{，}\phi_\alpha=[\zeta_\alpha\exp(\zeta_\alpha)+\exp(-\zeta_\alpha)]/(1-\alpha) \tag{5.19}$$

根据 CVaR 鞍点近似解析式（5.18）和公式（5.19），当 $\alpha=0.990$，

0.991,…,0.999 时 CVaR 准确值与近似值见图 5—1，图中横轴为 α，纵轴为 CVaR，实线为准确值，点为近似值。近似值对准确值的误差率见图 5—2。

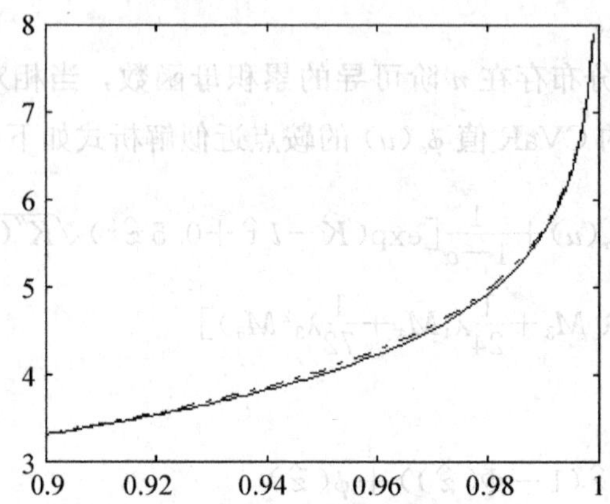

图 5—1　CVaR 的真实值与鞍点近似值（$\beta=1$，$\gamma=1$ 的伽玛分布）

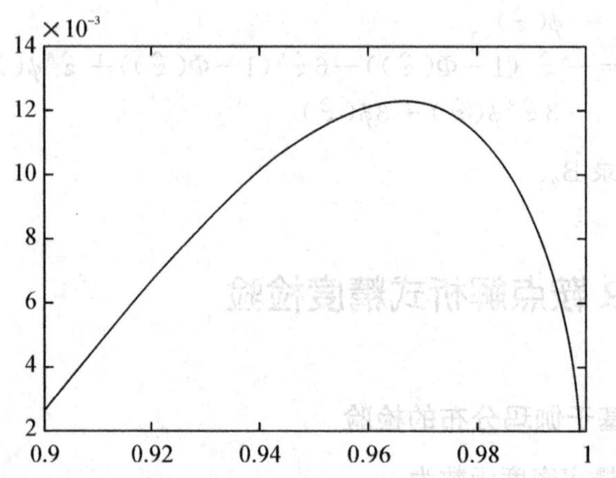

图 5—2　CVaR 真实值与鞍点近似值的误差率（$\beta=1$，$\gamma=1$ 的伽玛分布）

5.2.2　基于贝塔分布的检验

贝塔分布概率密度函数为：

$$f(x)=\frac{\Gamma(\beta+\gamma)}{\Gamma(\beta)\Gamma(\gamma)}(1-x)^{\beta-1}x^{\gamma-1}\ ,x\in[0,1]$$

令 $\beta=2$, $\gamma=2$ ，置信度 α 对应的 VaR 和 CVaR 准确值为：

$$3\zeta_\alpha^2-2\zeta_\alpha^3=\alpha,\phi_\alpha=\left[\frac{1}{2}+\frac{3}{2}\zeta_\alpha^4-2\zeta_\alpha^3\right]/(1-\alpha) \tag{5.20}$$

根据 CVaR 鞍点近似解析式（5.18）和公式（5.20），当 $\alpha=0.990$，$0.991,\cdots,0.999$ 时 CVaR 准确值与近似值见图 5—3，图中横轴为 α ，纵轴为 CVaR，实线为准确值，点为近似值；近似值与准确值的误差率见图 5—4。

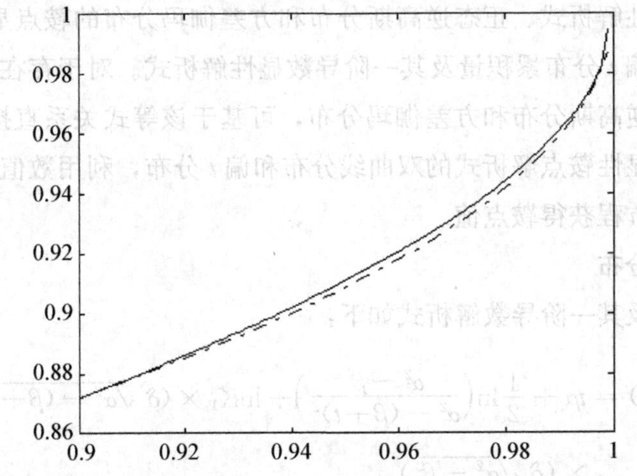

图 5—3　CVaR 的真实值与鞍点近似值（$\beta=2$，$\gamma=2$ 的贝塔分布）

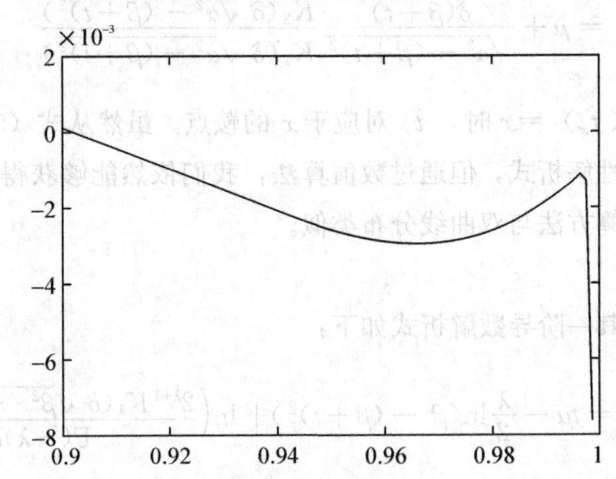

图 5—4　CVaR 真实值与近似值的误差率（$\beta=2$，$\gamma=2$ 的贝塔分布）

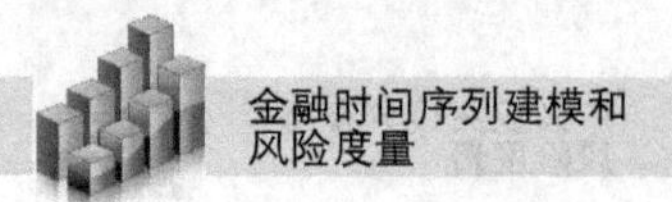

5.3 广义双曲线分布的风险度量

5.3.1 广义双曲线分布的鞍点计算

第四章 4.1.2 节在 $(\lambda,\alpha,\beta,\mu,\delta)$ 参数体系下得到双曲线分布累积量及其一阶导数显性解析式、正态逆高斯分布和方差伽玛分布的鞍点显性解析式，本节推导出偏 t 分布累积量及其一阶导数显性解析式。对于存在鞍点显性解析式的正态逆高斯分布和方差伽玛分布，可基于该等式关系直接计算鞍点；对于不存在显性鞍点解析式的双曲线分布和偏 t 分布，利用数值法求解累积量一阶导数方程获得鞍点值。

双曲线分布

累积量及其一阶导数解析式如下：

$$\kappa(t)=t\mu+\frac{1}{2}\ln\Big(\frac{\alpha^2-\beta^2}{\alpha^2-(\beta+t)^2}\Big)+\ln K_1\times(\delta\sqrt{\alpha^2-(\beta+t)^2})-\ln K_1\times(\delta\sqrt{\alpha^2-\beta^2})$$

$$\kappa'(t)=\mu+\frac{\delta(\beta+t)}{\sqrt{\alpha^2-(\beta+t)^2}}\frac{K_2(\delta\sqrt{\alpha^2-(\beta+t)^2})}{K_1(\delta\sqrt{\alpha^2-(\beta+t)^2})} \tag{5.21}$$

当满足 $\kappa'(\hat{t}_x)=x$ 时，$\hat{t}_x$ 对应于 x 的鞍点。虽然从式（5.21）中不能获得鞍点的显性解析式，但通过数值算法，我们依然能够获得鞍点值。偏 t 分布鞍点的计算方法与双曲线分布类似。

偏 t 分布

累积量及其一阶导数解析式如下：

$$\kappa(t)=t\mu-\frac{\lambda}{2}\ln(\beta^2-(\beta+t)^2)+\ln\Big(\frac{2^{\lambda+1}K_\lambda(\delta\sqrt{\beta^2-(\beta+t)^2})}{\Gamma(-\lambda)\delta^\lambda}\Big)$$

$$\kappa'(t)=\mu+\frac{\delta(\beta+t)}{\sqrt{\beta^2-(\beta+t)^2}}\frac{K_{\lambda+1}(\delta\sqrt{\beta^2-(\beta+t)^2})}{K_\lambda(\delta\sqrt{\beta^2-(\beta+t)^2})} \tag{5.22}$$

正态逆高斯分布（NIG）

累积量及其一阶导数

$$\kappa(t)=t\mu+\delta\sqrt{\alpha^2-\beta^2}-\delta\sqrt{\alpha^2-(\beta+t)^2}$$

$$\kappa'(t)=\mu+\frac{\delta(\beta+t)}{\sqrt{\alpha^2-(\beta+t)^2}}$$

鞍点值解析式：

$$\hat{t}_x=\frac{\alpha(x-\mu)}{\sqrt{(x-\mu)^2+\delta^2}}-\beta \tag{5.23}$$

方差伽玛分布（VG）

累积量及其一阶导数

$$\kappa(t)=t\mu+\lambda\ln(\alpha^2-\beta^2)-\lambda\ln[\alpha^2-(\beta+t)^2]$$

$$\kappa'(t)=\mu+\frac{2\lambda(\beta+t)}{\alpha^2-(\beta+t)^2}$$

鞍点值解析式

$$\hat{t}_x=\begin{cases}\dfrac{\sqrt{\lambda^2+(x-\mu)^2\alpha^2}-\lambda}{x-\mu}-\beta,x\neq\mu\\ -\beta,x=\mu\end{cases} \tag{5.24}$$

5.3.2 基于正态逆高斯分布的检验

正态逆高斯分布累积量及其 1～4 阶导数如下：

$$\kappa(t)=t\mu+\delta\sqrt{\alpha^2-\beta^2}-\delta\sqrt{\alpha^2-(\beta+t)^2}$$

$$\kappa'(t)=\mu+\frac{\delta(\beta+t)}{\sqrt{\alpha^2-(\beta+t)^2}}$$

$$\kappa''(t)=\delta[(\alpha^2-(\beta+t)^2)^{-0.5}+(\beta+t)^2(\alpha^2-(\beta+t)^2)^{-1.5}]$$

$$\kappa^{(3)}(t)=3\delta[(\beta+t)(\alpha^2-(\beta+t)^2)^{-1.5}+(\beta+t)^3(\alpha^2-(\beta+t)^2)^{-2.5}]$$

$$\kappa^{(4)}(t)=3\delta[(\alpha^2-(\beta+t)^2)^{-1.5}+6(\beta+t)^2(\alpha^2-(\beta+t)^2)^{-2.5}$$

$$+5(\beta+t)^4(\alpha^2-(\beta+t)^2)^{-3.5}]$$

鞍点值解析式：

$$\hat{t}_x=\frac{\alpha(x-\mu)}{\sqrt{(x-\mu)^2+\delta^2}}-\beta$$

利用以上关系，代入 Lugannani-Rice 公式和 CVaR 鞍点近似式(5.18)，可以计算得到正态逆高斯分布不同置信度下的风险度量。

设正态逆高斯分布参数 $\alpha=2$，$\beta=1$，$\mu=1$，$\delta=1$，它的概率密度函数如图 5—5 所示。

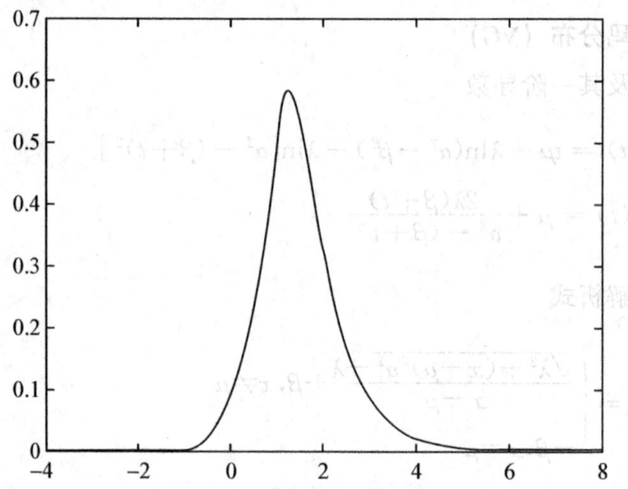

图 5—5　正态逆高斯分布概率密度函数（α=2，β=1，μ=1，δ=1）

在置信度 α_0 等于 0.90，0.91，…，0.99，0.995，0.997 时，计算正态逆高斯分布的 VaR 和 CVaR 值，计算结果列于表 5—1，计算偏差绘于图 5—6。

表 5—1　　鞍点近似法和模拟法计算 NIG 分布 VaR 和 CVaR 的结果比较

置信度	VaR（Lugannani-Rice 公式）		CVaR	
	鞍点法	模拟法	鞍点法	模拟法
0.900	2.612 5	2.666 7	3.314 6	3.405 2
0.910	2.685 8	2.742 3	3.407 0	3.483 2

续前表

置信度	VaR（Lugannani-Rice 公式）		CVaR	
	鞍点法	模拟法	鞍点法	模拟法
0.920	2.7680	2.8271	3.5133	3.5706
0.930	2.8614	2.9236	3.6371	3.6700
0.940	2.9698	3.0355	3.7831	3.7854
0.950	3.0986	3.1684	3.9585	3.9225
0.960	3.2573	3.3318	4.1743	4.0913
0.970	3.4640	3.5443	4.4503	4.3108
0.980	3.7591	3.8480	4.8276	4.6235
0.990	4.2741	4.3752	5.4328	5.1666
0.995	4.8019	4.9170	5.9981	5.7226
0.997	5.1984	5.3164	6.3865	6.1301

注：模拟法中结果以如下方式获得：抽取 10^6 个服从 NIG 分布随机数，计算相应 VaR 和 CVaR；重复抽取 100 次计算均值。

因为模拟结果基于 NIG 随机数的大规模多次抽取，其结果非常接近真实值，因此我们把模拟结果视作真实值，作为衡量鞍点近似法精度的基准。从表 5—1 和图 5—6 可以看出：不同置信度下 VaR 和 CVaR 的鞍点近似值与模拟结果非常接近，VaR 绝对误差率在 2%左右，CVaR 最大绝对误差率为 5.15%，在最常用的 95%置信度附近绝对偏差率则在 1%左右。

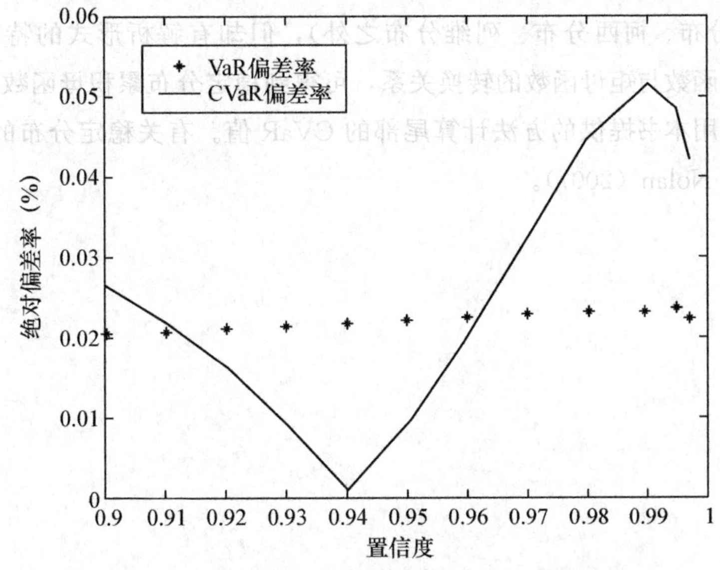

图 5—6 鞍点近似值相对于模拟结果的绝对偏差率

5.4 小结

CVaR 是满足一致性的风险度量指标，在风险管理领域有着广泛的应用。本章基于鞍点近似技术独立推导出 CVaR 解析公式，并基于伽玛分布、贝塔分布对 CVaR 鞍点解析式进行精度检验，结果表明：CVaR 鞍点近似公式能稳健、精确地近似 CVaR 值。

鉴于正态逆高斯分布对资产收益率表现出的优异拟合能力，利用本章提供的鞍点解析式计算了正态逆高斯分布的 VaR 和 CVaR 值，得到的鞍点近似结果和模拟结果非常接近。因为鞍点近似基于解析公式计算风险度量指标，与模拟法相比计算速度更快，特别适用于实时性要求较高条件下的风险度量。

CVaR 鞍点近似公式可在 CreditRisk+框架下进行信用风险度量，见林清泉和张建龙（2008）。此外，CVaR 鞍点解析式也可以在稳定分布的分位数和条件均值计算中得到应用。稳定分布不存在解析形式的概率密度函数（除正态分布、柯西分布、列维分布之外），但却有解析形式的特征函数，利用特征函数与矩母函数的转换关系，可得到稳定分布累积母函数解析式，进而可利用本书提供的方法计算尾部的 CVaR 值。有关稳定分布的详细论述可参考 Nolan（2007）。

附　录

附录 A　引理 5.2 的证明

证明：

令矩母函数

$$M(s)=E(e^{sx})$$

累积母函数（cumulant generating function）为：

$$K(s)=\ln(M(s))=\ln(E(e^{sx}))$$

令 $f(x)$ 为概率密度函数，则矩母函数表示如下：

$$M(s)=E(e^{sx})=\int_{-\infty}^{+\infty}f(x)e^{sx}\,\mathrm{d}s$$

由逆拉普拉斯变换公式得：

$$f(x)=\frac{1}{2\pi i}\int_{c-i\infty}^{c+i\infty}M(s)e^{-sx}\,\mathrm{d}s$$

其中，$c>0$。

则损失大于 t 的条件期望可以表示为下式：

$$\phi_{\alpha}(u)=E[X\mid X>\zeta_{\alpha}(u)]=\frac{1}{1-\alpha}\int_{\zeta_{\alpha}(u)}^{+\infty}xf(x)\,\mathrm{d}x$$

将 $f(x)$ 积分式代入上式，得到：

$$\int_{\zeta_\alpha(u)}^{+\infty} xf(x)\mathrm{d}x = \frac{1}{2\pi i}\int_{\zeta_\alpha(u)}^{+\infty} x\int_{c-i\infty}^{c+i\infty} M(s)e^{-sx}\,\mathrm{d}s\mathrm{d}x$$

对上式进行整理，得到：

$$\begin{aligned}\phi_\alpha(u) &= \frac{1}{1-\alpha}\frac{1}{2\pi i}\int_{c-i\infty}^{c+i\infty} M(s)\left(\frac{1}{s}\zeta_\alpha(u)e^{-s\zeta_\alpha(u)} + \frac{1}{s^2}e^{-s\zeta_\alpha(u)}\right)\mathrm{d}s \\ &= \frac{1}{1-\alpha}\frac{1}{2\pi i}\zeta_\alpha(u)\int_{c-i\infty}^{c+i\infty} e^{K(s)-s\zeta_\alpha(u)}\frac{\mathrm{d}s}{s} + \frac{1}{1-\alpha}\frac{1}{2\pi i}\int_{c-i\infty}^{c+i\infty} e^{K(s)-s\zeta_\alpha(u)}\frac{\mathrm{d}s}{s^2}\end{aligned}$$

根据命题 5.1，有：

$$\frac{1}{2\pi i}\int_{c-i\infty}^{c+i\infty} e^{K(s)-s\zeta_\alpha(u)}\frac{\mathrm{d}s}{s}\Big|_{c>0} = \Pr(L > \zeta_\alpha(u)) = 1-\alpha$$

易得：

$$\phi_\alpha(u) = \zeta_\alpha(u) + \frac{1}{1-\alpha}\left[\frac{1}{2\pi i}\int_{c-i\infty}^{c+i\infty}\frac{\exp(K(s)-s\zeta_\alpha(u))}{s^2}\mathrm{d}s\right]\Big|_{c>0}$$

证毕。

附录 B　定理 5.2 的证明

证明：

令：$Q(l) = \dfrac{1}{2\pi i}\displaystyle\int_{c-i\infty}^{c+i\infty}\dfrac{\exp(K(s)-sl)}{s^2}\mathrm{d}s]\,|_{c>0}$

根据引理 5.2，有下式成立：

$$\phi_\alpha(u) = \zeta_\alpha(u) + \frac{Q[\zeta_\alpha(u)]}{1-\alpha} \quad \text{（附 1）}$$

根据 Daniels（1987），有展开式（附 2）成立：

$$Q(l) = e^{\hat{K}-l\hat{t}}\,\frac{1}{2\pi i}\int_{c-i\infty}^{c+i\infty}\exp\left(\frac{1}{2}\hat{K}''(s-\hat{t})^2\right)\frac{\mathrm{d}s}{s^2}\left[1+\frac{1}{6}\hat{K}'''(s-\hat{t})^3\right.$$

$$+\frac{1}{24}\hat{K}^{(4)}(s-\hat{t})^4+\frac{1}{72}(\hat{K}''')^2(s-\hat{t})^6+\cdots\Big]$$

$$=\exp(\hat{K}-l\hat{t}+0.5\hat{z}^2)\sqrt{\hat{K}''}\frac{1}{2\pi i}\int_{c-i\infty}^{c+i\infty}e^{\frac{1}{2}z^2-\hat{z}z}\frac{dz}{z^2} \quad (附 2)$$

$$\Big[1+\frac{1}{6}\lambda_3(z-\hat{z})^3+\frac{1}{24}\lambda_4(z-\hat{z})^4+\frac{1}{72}\lambda_3{}^2(z-\hat{z})^6+O(\lambda_3\lambda_4)\Big]$$

令：

$$I_r=\frac{1}{2\pi i}\int_{c-i\infty}^{c+i\infty}e^{\frac{1}{2}z^2-\hat{z}z}(z-\hat{z})^r\frac{dz}{z},$$

$$M_r=\frac{1}{2\pi i}\int_{c-i\infty}^{c+i\infty}e^{\frac{1}{2}z^2-\hat{z}z}(z-\hat{z})^r\frac{dz}{z^2} \quad (附 3)$$

整理公式（附 2）可得：

$$Q(l)\approx e^{\hat{K}-l\hat{t}+0.5\hat{z}^2}\sqrt{K''(\hat{t})}\Big(M_0+\frac{1}{6}\lambda_3M_3+\frac{1}{24}\lambda_4M_4+\frac{1}{72}\lambda_3{}^2M_6\Big) \quad (附 4)$$

根据泰勒展开式，有下式成立：

$$\frac{1}{z}=\sum_{n=0}^{\infty}(-1)^n\hat{z}^{-(n+1)}(z-\hat{z})^n,\ \frac{1}{z^2}=\sum_{n=0}^{\infty}(-1)^n(n+1)\hat{z}^{-(n+2)}(z-\hat{z})^n$$

整理（附 2）和（附 3），易得[①]：

$$I_r=\phi(\hat{z})\frac{1}{\sqrt{2\pi}}\int_{-\infty}^{+\infty}e^{-\frac{1}{2}z^2}\sum_{n=0}^{\infty}(-1)^n\hat{z}^{-(n+1)}(iz)^{n+r}dz$$

$$\begin{aligned}M_r&=\phi(\hat{z})\frac{1}{\sqrt{2\pi}}\int_{-\infty}^{+\infty}e^{-\frac{1}{2}z^2}\sum_{n=0}^{\infty}(-1)^n(n+1)\hat{z}^{-(n+2)}(iz)^{n+r}dz\\&=\phi(\hat{z})\frac{1}{\sqrt{2\pi}}\int_{-\infty}^{+\infty}e^{-\frac{1}{2}z^2}\sum_{n=0}^{\infty}(-1)^n(n+r+1)\hat{z}^{-(n+2)}(iz)^{n+r}dz\\&\quad-r\hat{z}^{-1}\phi(\hat{z})\frac{1}{\sqrt{2\pi}}\int_{-\infty}^{+\infty}e^{-\frac{1}{2}z^2}\sum_{n=0}^{\infty}(-1)^n\hat{z}^{-(n+1)}(iz)^{n+r}dz\end{aligned} \quad (附 5)$$

① 在鞍点近似法中，为了达到最快下降效果，c 总是取鞍点值，使 iz 恰好成为纯虚数，解释见 Daniels（1987）。

令：

$$L_r = \phi(\hat{z})\frac{1}{\sqrt{2\pi}}\int_{-\infty}^{+\infty} e^{-\frac{1}{2}z^2}\sum_{n=0}^{\infty}(-1)^n(n+r+1)\hat{z}^{-(n+2)}(iz)^{n+r}\mathrm{d}z$$

易知：

$$M_r = L_r - r\hat{z}^{-1}I_r (r \geqslant 0) \tag{附 6}$$

通过整理，有如下关系式成立（m 为正整数，且 $m>0$）：

$$L_0 = -\hat{z}I_0 + \phi(\hat{z}), L_{2m} = -\hat{z}L_{2m-1},$$
$$L_{2m+1} = -\hat{z}L_{2m} + (-1)^m a_{m+1}\hat{z}^{-1}\phi(\hat{z}) \tag{附 7}$$

令 $l=\zeta_\alpha(u)$，整理式（5.13）、（附 4）、（附 6）、（附 7）代入（附 1），可得 $\phi_\alpha(u)$ 的解析式（5.18）。

证毕。

附录 C　第二章参数估计结果

过滤后指数收益率数据双曲线分布（HYP）拟合的参数估计结果（$\lambda=1$）

上证综合指数（迭代次数：15 次）

$\chi=1$，$\psi=1.263\,1$，$\mu=0.014\,6$，$\sigma^2=0.461\,8$，gamma$=-0.006\,7$

深证成分指数（迭代次数：14 次）

$\chi=1$，$\psi=1.264\,0$，$\mu=0.022\,2$，$\sigma^2=0.461\,4$，gamma$=-0.012\,3$

沪深 300 指数（迭代次数：14 次）

$\chi=1$，$\psi=1.268\,6$，$\mu=0.148\,6$，$\sigma^2=0.453\,7$，gamma$=-0.065\,9$

过滤后指数收益率数据正态逆高斯分布（NIG）拟合的参数估计结果（$\lambda=-0.5$）

上证指数收益率（迭代次数：27 次）

$\chi=1.412\,0$，$\psi=1.693\,1$，$\mu=0.010\,8$，$\sigma^2=1.124\,5$， gamma＝－0.012 1

深证指数收益率（迭代次数：25 次）

χ＝1.355 5，ψ＝1.592 1，μ＝0.020 8，σ^2＝1.117 3，

gamma＝－0.028 1

沪深 300 指数收益率（迭代次数：24 次）

χ＝1.317 6，ψ＝1.535 0，μ＝0.144 5，σ^2＝1.094 7，

gamma＝－0.153 1

过滤后指数收益率数据方差伽玛分布（VG）拟合的参数估计结果（χ=0）

上证指数收益率（迭代次数：21 次）

λ＝3.030 0，χ＝0，ψ＝0.867 2，μ＝0.014 4，σ^2＝0.141 1，

gamma＝－0.002 1

深证指数收益率（迭代次数：15 次）

λ＝3.122 9，χ＝0，ψ＝0.894 2，μ＝0.028 8，σ^2＝0.140 9，

gamma＝－0.004 9

沪深 300 指数收益率（迭代次数：19 次）

λ＝2.917 8，χ＝0，ψ＝0.836 6，μ＝0.198 2，σ^2＝0.138 6，

gamma＝－0.028 0

过滤后指数收益率数据有偏学生 t 分布拟合的参数估计结果（$\psi=0$）

上证综合指数（迭代次数：16 次）

λ＝－3.100 5，χ＝6.201 0，ψ＝0，μ＝0.003 0，σ^2＝0.694 2，

gamma＝－0.002 2

深证成分指数（迭代次数：8 次）

λ＝－3.147 5，χ＝6.295 0，ψ＝0，μ＝0.017 5，σ^2＝0.696 3，

gamma＝－0.015 5

沪深 300 指数（迭代次数：10 次）

λ＝－3.149 1，χ＝6.298 1，ψ＝0，μ＝0.151 8，σ^2＝0.682 1，

gamma＝－0.102 1

附录 D　广义双曲线分布对中国主要证券指数拟合图

说明：图中“点”是经验数据的核密度函数，实线为拟合分布概率密度函数。

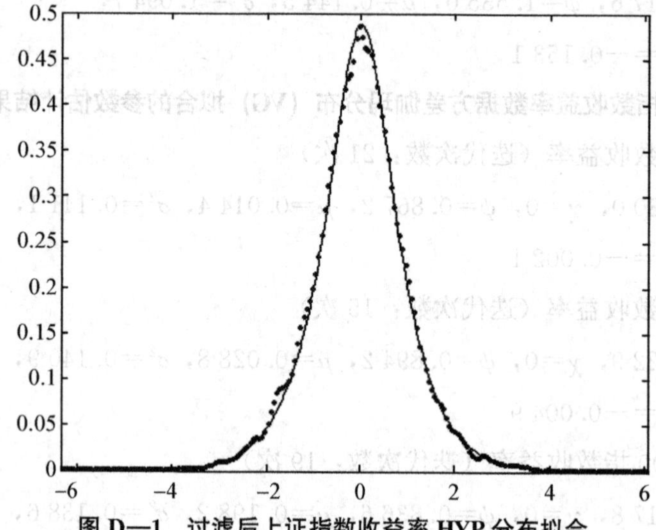

图 D—1　过滤后上证指数收益率 HYP 分布拟合

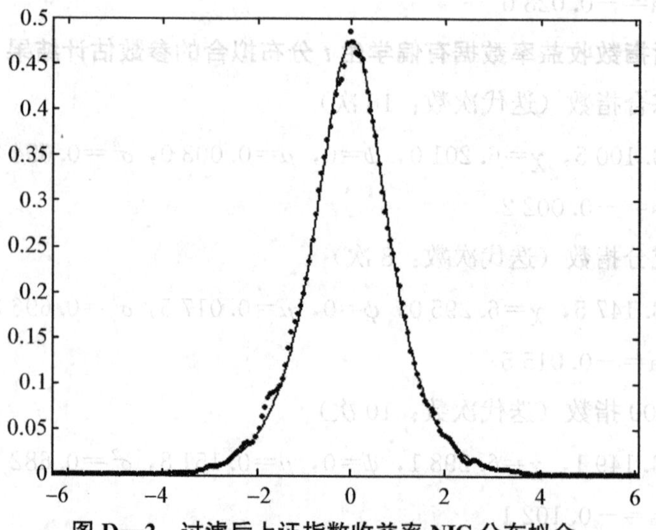

图 D—2　过滤后上证指数收益率 NIG 分布拟合

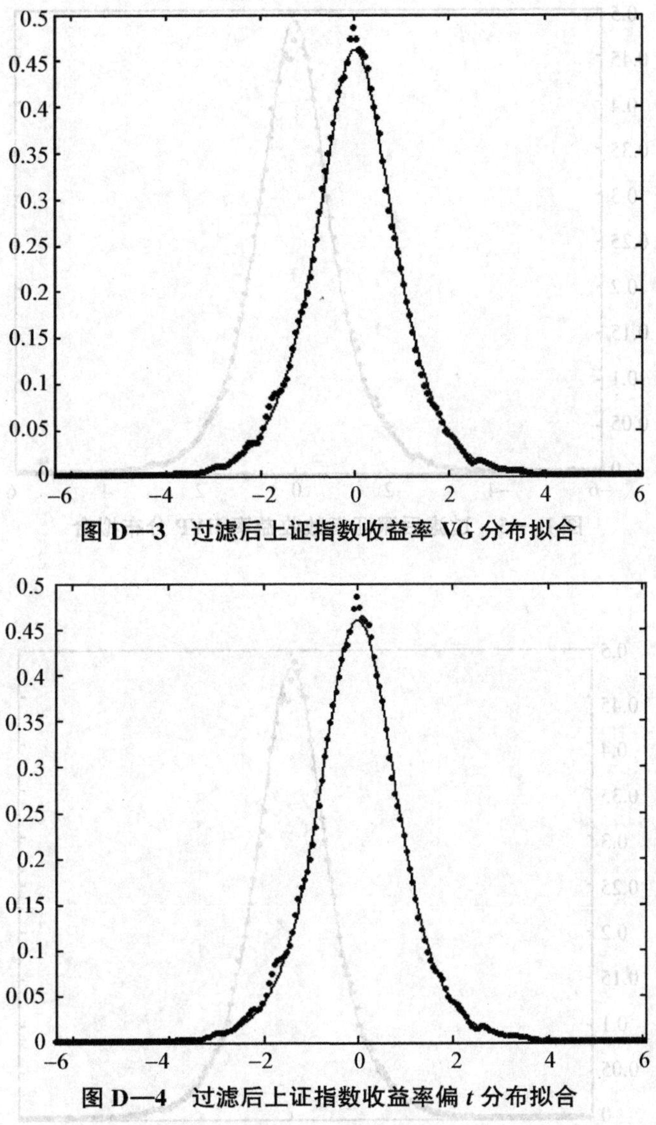

图 D—3　过滤后上证指数收益率 VG 分布拟合

图 D—4　过滤后上证指数收益率偏 t 分布拟合

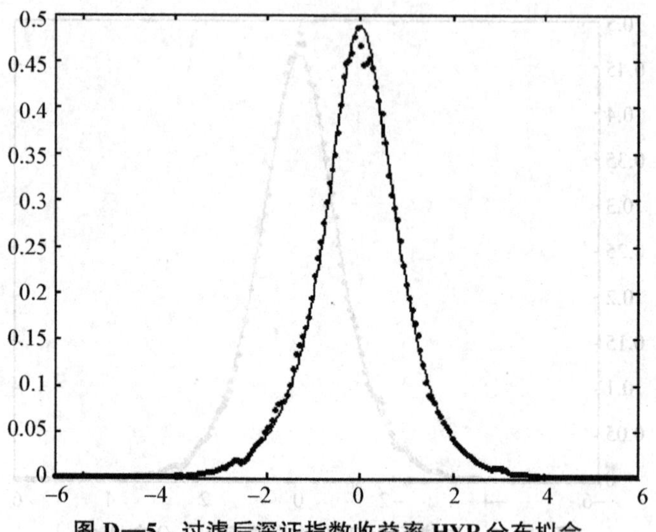

图 D—5　过滤后深证指数收益率 HYP 分布拟合

图 D—6　过滤后深证指数收益率 NIG 分布拟合

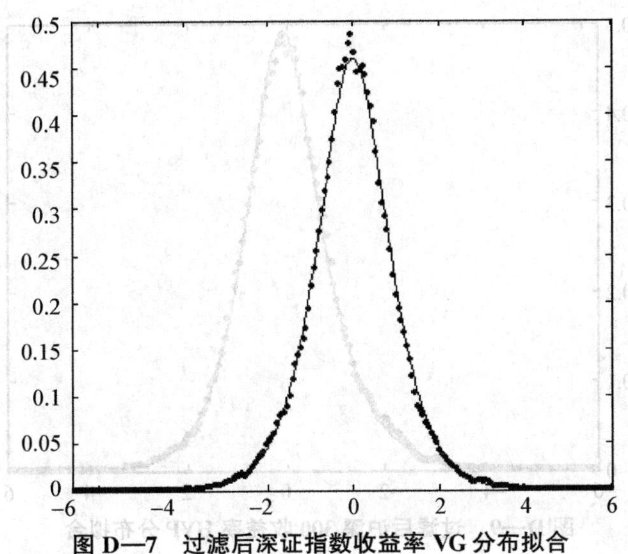

图 D—7 过滤后深证指数收益率 VG 分布拟合

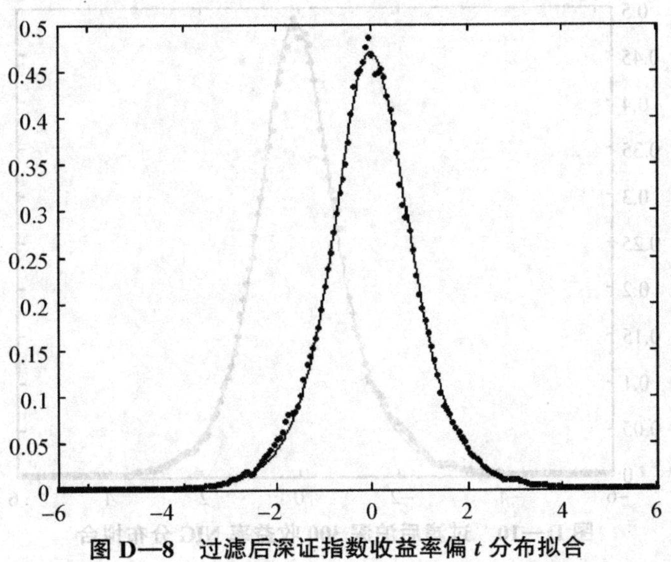

图 D—8 过滤后深证指数收益率偏 t 分布拟合

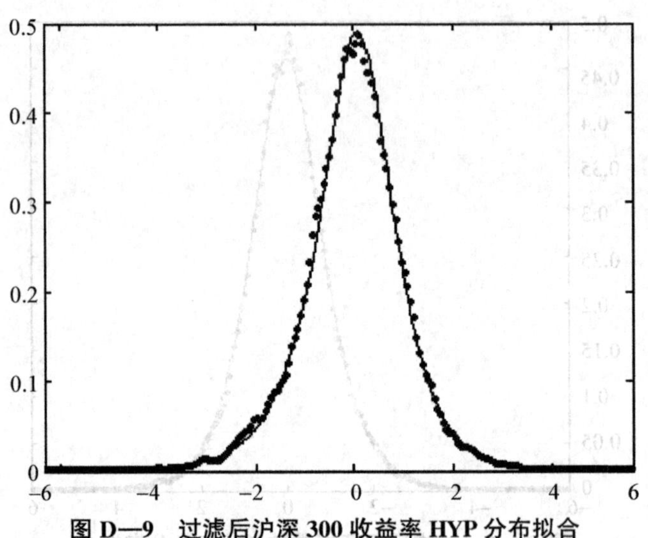

图 D—9　过滤后沪深 300 收益率 HYP 分布拟合

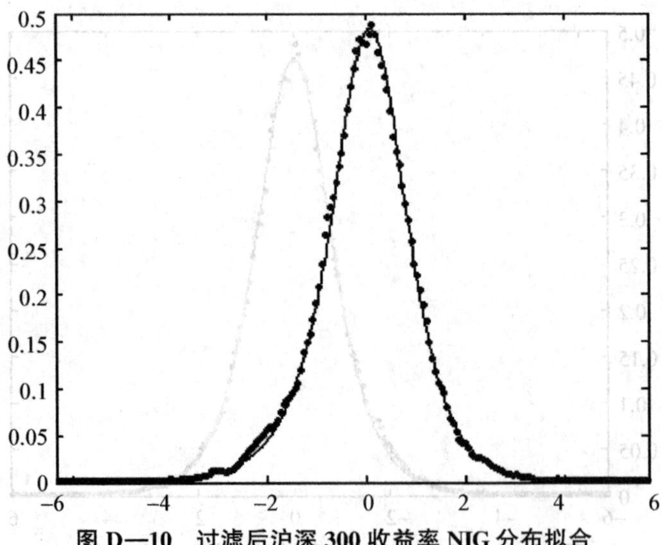

图 D—10　过滤后沪深 300 收益率 NIG 分布拟合

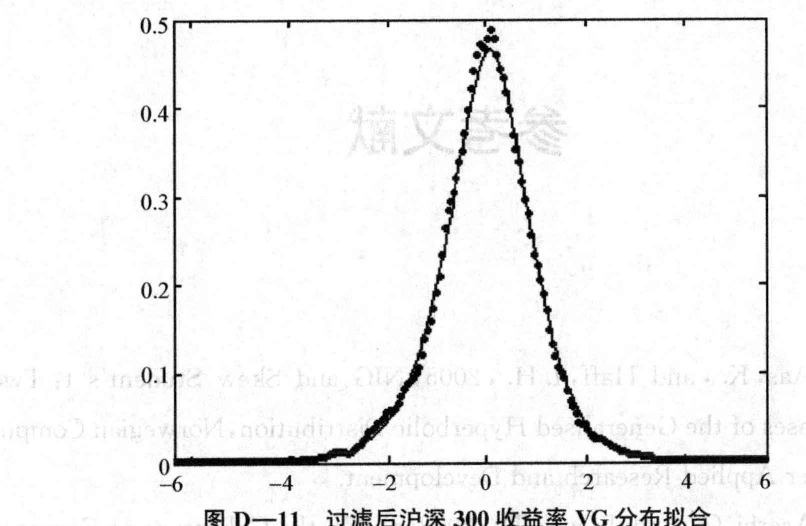

图 D—11　过滤后沪深 300 收益率 VG 分布拟合

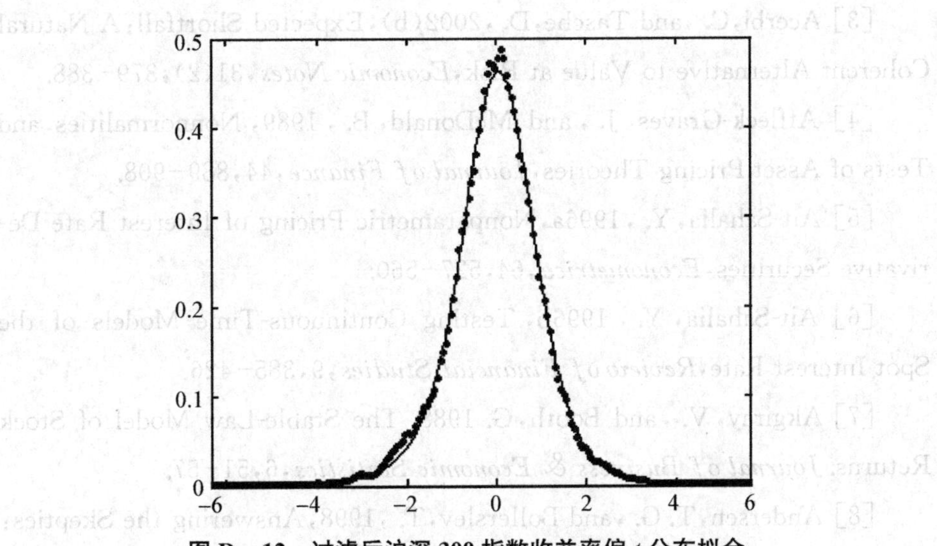

图 D—12　过滤后沪深 300 指数收益率偏 t 分布拟合

参考文献

[1] Aas, K., and Haff, I. H., 2005, NIG and Skew Student's t: Two Special Cases of the Generalised Hyperbolic Distribution, Norwegian Computing Center Applied Research and Development.

[2] Acerbi, C., and Tasche, D., 2002(a), On the Coherence of Expected Shortfall, *Journal of Banking & Finance*, 26, 1487-1503.

[3] Acerbi, C., and Tasche, D., 2002(b), Expected Shortfall: A Natural Coherent Alternative to Value at Risk, *Economic Notes*, 31(2), 379-388.

[4] Affleck-Graves, J., and McDonald, B., 1989, Nonnormalities and Tests of Asset Pricing Theories, *Journal of Finance*, 44, 889-908.

[5] Ait-Sahalia, Y., 1996a, Nonparametric Pricing of Interest Rate Derivative Securities, *Econometrica*, 64, 527-560.

[6] Ait-Sahalia, Y., 1996b, Testing Continuous-Time Models of the Spot Interest Rate, *Review of Financial Studies*, 9, 385-426.

[7] Akgiray, V., and Booth, G. 1988. The Stable-Law Model of Stock Returns. *Journal of Business & Economic Statistics*, 6, 51-57.

[8] Andersen, T. G., and Bollerslev, T., 1998, Answering the Skeptics: Yes, Standard Volatility Models Do Provide Accurate Forecasts, *International Economic Review*, 39, 885-905.

[9] Andersen, T. G., Bollerslev, T., Diebold, F. X., and Ebens, H.,

2001, The Distribution of Realized Stock Return Volatility, *Journal of Financial Economics*, 61, 43–76.

[10] Andersen, T. G., Bollerslev, T., Diebold, F. X., and Labys, P., 2000, Exchange Returns Standardized by Realized Volatility are (nearly) Gaussian, *Multinational Finance Journal*, 4, 159–179.

[11] Andersen, T. G., Bollerslev, T., Diebold, F. X., and Labys, P., 2001(a), The Distribution of Realized Exchange Rate Volatility, *Journal of American Statistical Association*, 96, 42–55.

[12] Andersen, T. G., Bollerslev, T., Diebold, F. X., and Labys, P., 2001(b), The Distribution of Stock Return Volatility, *Journal of Financial Economics*, 61, 43–76.

[13] Andersen, T. G., Bollerslev, T., Diebold, F. X., and Labys, P., 2003, Modeling and Forecasting Realized Volatility, *Econometrica*, 71(2), 579–625.

[14] Anderson, H. M., Nam, K., and Vahid, F., 1999, Asymmetric Nonlinear Smooth Transition GARCH Models, *Nonlinear Time Series Analysis of Economic and Financial Data*, ed. by P. Rothman, 191–207, Kluwer.

[15] Andersson, F., Mausser, H., Rosen, D., and Uryasev, S., 2001, Credit Risk Optimization with Conditional Value-at-Risk Criterion, *Mathematical Programming*, 89(2), 273–291.

[16] Andersson, J., 2001, On the Normal Inverse Gaussian Stochastic Volatility Model, *Journal of Business and Economic Statistics*, 19, 44–54.

[17] Andreou, E., Ghysels, E., 2002, Detecting Multiple Breaks in Financial Market Volatility Dynamics, *Journal of Applied Econometrics*, 17, 579–600.

[18] Areal, N. M. P. C., Taylor, S. J., 2002, The Realized Volatility of FTSE-100 Futures Prices, *Journal of Futures Markets*, 22, 627–648.

[19] Artzner, P., Delbaen, F., Eber, J. M., and Heath, D., 1999, Coher-

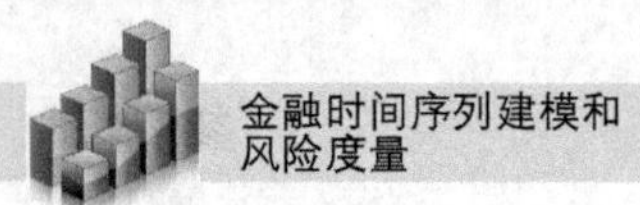

ent Measures of Risk, *Mathematical Finance*, 9(3), 203–228.

[20] Atkinson, A. C., 1982, The Simulation of Generalized Inverse Gaussian and Hyperbolic Random Variables, *SIAM Journal of Scientific & Statistical Computing*, 3, 502–515.

[21] Audrino, F., and Buhlmann, P., 2001, Tree-Structured GARCH Models, *Journal of the Royal Statistical Society*, Series B, 63, 727–744.

[22] Bachelier, L., 1900, Theorie de la speculation. In P. Cootner(ed.), *The Random Character of Stock Market Prices*, Cambridge, Mass: MIT Press.

[23] Baillie, R. T., Bollerslev, T., 1989, The Message in Daily Exchange Rates: A Conditional-Variance Tale, *Journal of Business and Economic Statistics*, 7, 279–305.

[24] Baillie, R. T., Bollerslev, T., Mikkelsen, H. O., 1996, Fractionally Integrated Generalized Autoregressive Conditional Heteroskedasticity, *Journal of Econometrics*, 74, 3–30.

[25] Barndorff-Nielsen, O. 1977. Exponentially Decreasing Distributions for the Logarithm of Particle Size, Proceedings of Royal Society of London, Series A, 353, 401–419.

[26] Barndorff-Nielsen, O. E., 1995, Normal Inverse Gaussian Processes and the Modelling of Stock Returns, Research Report 300, *Department of Theoretical Statistics*, University of Aarhus.

[27] Barndorff-Nielsen, O. 1997. Normal Inverse Gaussian Distributions and Stochastic Volatility Modelling, *Scandinavian Journal of Statistics*, 24(1), 1–13.

[28] Barndorff-Nielsen, O., Kent, J., Sorensen, M., 1982, Normal Variance-Mean Mixtures and z Distributions, *International Statistical Review*, 50, 145–159.

[29] Barndorff-Nielsen, O., and Shepard N. 2001, Normal Modified Sta-

ble Processes, *Theory of Probability and Mathematical Statistics*, 65, 1-19.

[30] Barndorff-Neilsen, O. E., and Sorensen, M., 1994, A Review of Some Aspects of Asymptotic Likelihood Theory for Stochastic Processes, *International Statistical Review*, 62, 133-165.

[31] Barrett, J. F., and Wright, D. J., 1974, The Random Nature of Stock-Market Prices, *Operations Research*, 22(1), 175-177.

[32] Bauwens, L., and Giot, P., 1997, The Logarithmic ACD Model: An Application to Market Microstructure and NASDAQ, University Catholique de Louvain—Core Discussion Paper 9789.

[33] Bibby, B. M., 1994, Optimal Combination of Martingale Estimating Functions for Discretely Observed Diffusion Processes, Research Report N. O. 298, Department of Theoretical Statistics, Institute of Mathematics, University of Aarhus.

[34] Bibby, B. M., Jacobsen, M., Sorensen, M., 2004, Estimating Functions for Discretely Sampled Diffusion-Type Models, Unpublished, http://www.math.ku.dk/~michael/

[35] Bibby, B. M., Sorensen, M., 1995, Martingale Estimation Functions for Discretely Observed Diffusion Processes, *Bernoulli*, 1(1), 17-39.

[36] Bibby, B. M., Sorensen, M., 1996, On Estimation for Discretely Observed Diffusions: A Review, *Theory of Stochastic Processes*, 2, 49-56.

[37] Bibby, B., M., and Sorensen, M., 1997, A Hyperbolic Diffusion Model for Stock Prices, *Finance and Stochastics*, 1, 25-41.

[38] Bibby, B., M., and Sorensen, M., 2001, Simplified Estimating Functions for Diffusion Models with a High-Dimensional Parameters, *Scandinavian Journal of Statistics*, 28(1): 99-112.

[39] Bibby, B. M., Skovgaard, I. M., and Sorensen, M., 2005, Diffusion-Type Models with Given Marginal Distribution and Autocorrelation Function, *Bernoulli*, 11(2), 191-220.

[40] Black, F., 1976, Studies of Stock Market Volatility Changes, Proceedings of the American Statistical Association, *Business and Economic Statistics Section*, 177-181, 1976.

[41] Black, F., and Scholes, M. 1973. The Pricing of Options and Cooperate Liabilities, *Journal of Political Economy*, 81, 637-654.

[42] Blasild, P., 1981, The Two-dimensional Hyperbolic Distribution and Related Distributions with an Application to Johannsen's Bean Data, *Binometrika*, 68, 251-263.

[43] Blattberg, R., and Gonedes, N., 1974, A Comparison of Student and Stable Distributions as Statistical Models of Stock Prices, *Journal of Business*, 47, 244-280.

[44] Blume, M., 1968, The Assessment of Portfolio Performance: An Application of Portfolio Theory, Ph. D. Dissertation, University of Chicago.

[45] Bollerslev T, 1986, Generalised Autoregressive Conditional Heteroskedasticity, *Journal of Econometrics*, 31, 307-27.

[46] Bollerslev, T., 1987, A Conditional Heteroskedastic Time Series Model for Speculative Price and Rate of Return. *Review of Economics and Statistics*, 9, 542-547.

[47] Bollerslev, T., 1990, Modeling the Coherence in Short-Run Nominal Exchange Rates: A Multivariate Generalized ARCH Approach. *The Review of Economics and Statistics*, 72(3): 498-505.

[48] Bollerslev, T., and Mikkelsen, H. O., 1996, Modeling and Pricing Long Memory in Stock Market Volatility, *Journal of Econometrics*, 73, 151-184.

[49] Bollerslev, T., and Wooldridge, J., M., 1992, Quasi-maximum Likelihood Estimation and Inference in Dynamic Models with Time-varying Covariances, *Econometric Reviews*, 11, 143-172.

[50] Bolviken, E., and Benth, F. E., 2000, Quantification of Risk in Norwegian Stocks Via the Normal Inverse Gaussian Distribution, In Proceed-

ings of the AFIR 2000 Colloquium, Tromso, Norway, 87－98.

[51] Bookstaber, R., and McDonald, J. B., 1987, A General Distribution for Describing Security Price Returns, *Journal of Business*, 60, 401－424.

[52] Cai, J., 1994, A Markov Model of Switching-Regime ARCH, *Journal of Business & Economic Statistics*, 12, 309－316.

[53] Campbell, J. Y., and L. Hentschel, 1992, No News is Good News: An Asymmetric Model of Changing Volatility in Stock Returns, *Journal of Financial Economics*, 31, 281－318.

[54] Caporin, M., and McAleer, M., 2006, Dynamic Asymmetric GARCH, *Journal of Financial Econometrics*, 4, 385－412.

[55] Chan, F., McAleer, M., 2001, Estimation Smooth Transition Autoregressive Models with GARCH Errors in the Presence of Extreme Observations and Outliers, Discussion Paper No. 539, The Institute of Social and Economic Research, Osaka University.

[56] Chesney, M., and Scott, L. O., 1989, Pricing Europeran Currency Options: A Comparison of the Modified Black-Scholes Model and a Random Variance Model, *Journal of Financial and Quantitative Analysis*, 24, 267－284.

[57] Chou, R. F., 1988, Volatility Persistence and Stock Valuations: Some Empirical Evidence Using GARCH, *Journal of Applied Econometrics*, 3, 279－294.

[58] Christie, A., 1982, The Stochastic Behavior of Common Stock Variance: Value, Leverage and Interest Rate Effects, *Journal of Financial Economics*, 10, 407－432.

[59] Christoffersen, P., Diebold, F. F., and Schuerman, T., 1998, Horizon Problems and Extreme Events in Financial Risk Management, *Economic Policy Review*, Federal Reserve Bank of New York, 109－118.

[60] Clark, P., 1973, A Subordinated Stochastic Process Model with Finite Variance for Speculative Prices, *Econometrica*, 41, 135－156.

[61] Comte, F., Lieberman, O., 2003, Asymptotic Theory for Multivariate GARCH Processes, *Journal of Multivariate Analysis*, 84:61-84.

[62] Conley, T., Hansen, L. P., Luttmer, E., and Scheinkman, J. A., 1997, Estimating Subordinated Diffusions from Discrete Time Data, *Review of Financial Studies*, 10, 525-577.

[63] Conrad, C., Karanasos, M., 2006, The Impulse Response Function of the Long Memory GARCH Processes, *Economics Letters*, 90:34-41.

[64] Cont, R. 2001, Empirical Properties of asset returns: Stylized Facts and Statistical Issues, *Quantitative Finance*, 1, 1-14.

[65] Dacorogna, M. M., Mller, U. A., Nagler, R. J., Olsen, R. B., and Pictet, O. V., 1993, A Geographical Model for the Daily and Weekly Seasonal Volatility in the Foreign Exchange Market, *Journal of International Money and Finance*, 12, 413-438.

[66] Dagpunar, J. S., 1989, An Easily Implemented Generalized Inverse Gaussian Generator, *Communications in Statistics-Simulations*, 18, 703-710.

[67] Daniels, H. E., 1954, Saddlepoint Approximations in Statistics, *Annals of Mathematical Statistics*, 25, 631-649.

[68] Daniels, H. E., 1987, Tail Probability Approximations, *International Statistical Review*, 55, 37-48.

[69] Demarta, S., and McNeil, A., J. 2004. The t Copula and Related Copulas. Technical report, ETH Zurich. Forthcoming in International Statistical Review.

[70] Dempster, A. P., Laird, N. M., and Rubin, D. B., 1977, Maximum Likelihood from Incomplete Data Via the EM Algorithm, *Journal of the Royal Statistical Society*, Series B, 39, 1-38.

[71] Diebold, F. X., and Inoue, A., 2001, Long Memory and Regime Switching, *Journal of Econometrics*, 105, 131-159.

[72] Ding, Z., and Granger, C., 1996, Modeling Volatility Persistence

of Speculative Returns: A New Approach, *Journal of Econometrics*, 73, 185-215.

[73] Ding, Z., Granger, C., and Engle, R., 1993, A Long Memory Property of Stock Market Returns and a New Model, *Journal of Empirical Finance*, 1, 83-106.

[74] Drost, C. D., and Nijman, T., 1993, Temoral Aggregation of GARCH Processes, *Econometrica*, 61, 909-927.

[75] Duan, J. C., 1997, Augmented GARCH(p, q) Process and its Diffusion Limit, *Journal of Econometrics*, 79, 97-127.

[76] Duan, J. C., 2004, A Specification Test for Time Series Models by a Normality Transformation, Econometric Society 2004 North American Winter Meetings, Num 467.

[77] Dueker, M. J., 1997, Markov Switching in GARCH Processes and Mean-Reverting Stock Market Volatility, *Journal of Business and Economic Statistics*, 12, 309-316.

[78] Duffie, D., and Glynn, P., 2004, Estimation of Continuous-Time Markov Processes Sampled at Random Time Intervals, *Econometrica*, 72(6), 1773-1808.

[79] Duffie, D., and Singleton, K., 1993, Simulated Moments Estimation of Markov Models of Asset Prices, *Econometrica*, 61, 929-952.

[80] Durbin, J., 1960, Estimating of Parameters in Time-Series Regression Models, *Biometrika*, 47, 139-153.

[81] Ebens, H., 1999, Realized Stock Volatility, Unpublished Manuscript, Johns Hopkins University.

[82] Eberlein, E., and Keller U. 1995, Hyperbolic Distribution in Finance, *Bernoulli*, 1: 281-299.

[83] Edward, J. S., and Timothy, M. W., 1991, Louis Bachelier: The Father of Modern Option Pricing Theory, *The Journal of Economic Education*, 22(2),

165－171.

[84] Elerian, O. , Chib, S. , and Shephard, N. , 2001, Likelihood Inference for Discretely Observed Nonlinear Diffusions, Econometrica, 69(4), 959－993.

[85] Embrechts, P. , 2000. Extreme Value Theory: Potential and Limitations as an Integrated Risk Management Tool, Working paper, http://www.math.ethz.ch/~embrechts.

[86] Embrechts, P. , McNeil, A and Straumann, D. , 2002, Correlation and Dependence in Risk Management: Properties and Pitfalls, In M. A. H. Dempster, editor, *Risk Management: Value at Risk and Beyond*, *176－223*, Cambridge University Press, Cambridge.

[87] Engle R. F. , 1982, Autoregressive Conditional Heteroskedasticity with Estimates of the Variance of United Kingdom Inflation, *Econometrica*, 50, 987－1008.

[88] Engle R. F. , and BollerslevT. P. , 1986, Modeling the Persistence of Conditional Variances, *Econometric Review*, 5, 1－50.

[89] Engle, R. F. , Lilien D. M. and Robins R. P. , 1987, Estimating Time Varying Risk Premia in the Term Structure: The ARCH-M Model, *Econometrica*, 55(2), 391－407.

[90] Engle, R. F. , and Ng, V. K. , 1993, Measuring and Testing the Impact of News on Volatility, *Journal of Finance*, 48, 1749－1777.

[91] Engle, R. F. , and Russell, J. R. , 1998, Autoregreesive Conditional Duration: A New Model for Irregular Spaced Transaction Data, *Econometrica*, 66, 1127－1162.

[92] Eraker, B. , 2001, MCMC Analysis of Diffusion Models with Application to Finance, *Journal of Business and Economic Statistics*, 19, 177－191.

[93] Fama, E. 1965. The Behavior of Stock Market Prices. *Journal of Business* 38: 34－105.

[94] Fama, E. , 1976, *Foundations of Finance*, . New York: Basic.

[95] Fornari, F. , Mele, A. , 1997, Sign-and Volatility-Switching ARCH Models: Theory and Applications to International Stock Markets, *Journal of Applied Econometrics*, 12, 49−65.

[96] Forsberg, L. , and Bollerslev, T. , 2002, Bridging the Gap between the Distribution of Realized Volatility and ARCH Modeling: The GARCH-NIG Model, *Journal of Applied Econometrics*, 17(5), 535−548.

[97] French, K. R. , Schwert, G. W. , and Stambaugh, R. F. , 1987, Expected Stock Returns and Volatility, *Journal of Financial Economics*, 19, 3−29.

[98] Gallant, A. R. , and Tauchen, G. , 1996, Which Moments to Match? *Econometric Theory*, 12, 657−681.

[99] Ghysels, E. , and Jasiak, J. , 1997, GARCH for Irregularly Spaced Financial Data: The ACD-GARCH Model, DP 97s-06, CIRANO, Montreal.

[100] Gilks, W. R. , Richardson, S. , and Spiegelhalter, D. J. , 1996, Markov Chain Monte Carlo in Practice,. Chapman and Hall.

[101] Giraitis, L. , P. , Robinson, P. , and Surgailis, D. , 2004, LARCH, Leverage, and Long Memory, *Journal of Financial Econometrics*, 2, 177−210.

[102] Gloria, Gonzalez-Rivera, 1998, Smooth-Transition GARCH Models, *Studies in Nonlinear Dynamics and Econometrics*, 3(2), 61−78.

[103] Glosten L, Jagannathan R, and Runkle D, 1993, Relationship between the Expected Value and the Volatility of the Nominal Excess Return on Stocks, *Journal of Finance*, 48, 1779−1801.

[104] Godambe, V. P. , 1960, An Optimum Property of Regular Maximum Likelihood Estimation, *Annals of Mathematical Statistics*, 31, 1208−1212.

[105] Gong, G. , and Samaniego, F. J. , 1981, Pseudo Maximum Likelihood Estimation: Theory and Applications, *the Annals of Statistics*, 9(4), 861−869.

[106] Gouriéroux, C. and Monfort, A. , 1992, Qualitative Threshold ARCH Models, *Journal of Econometrics*, 52, 159−199.

[107] Gouriéroux, C. , Monfort, A. , and Renault, E. , 1993, Indirect In-

ference, *Journal of Applied Econometrics*, 8, S85–S118.

[108] Hafner, C., M., Herwartz, H., 2007, Analytical Quasi Maximum Likelihood Inference in Multivariate Volatility Models, Metrika, 16 March Published Online.

[109] Hagerud, G., H., 1996, A New Non-linear GARCH Models, Ph. d Thesis, Stockholm School of Economics.

[110] Hagerud, G., H., 1997, A Smooth Transition ARCH Models for Asset Returns, Working Paper Series in Economics & Finance, No. 162, Stockholm School of Economics.

[111] Haggan, V., Heravi, S. M., and Priestley, M. B., 1984, A Study of the Application of State-Dependent Models in Non-Linear Time Series Analysis, *Journal of Time Series Analysis*, 5, 69–102.

[112] Hall, P., and Heyde, C. C., 1980, *Martingale Limit Theory and Its Applications*, Academic Press, New York.

[113] Hamilton, J. D., 1988, Rational-Expectations Econoetric Analysis of Changes in Regime: An Investigation of the Term Structure of Interest Rates, *Journal of Economic Dynamics and Control*, 12, 385–423.

[114] Hamilton, J. D., 1989, A New Approach to the Economic Analysis of Nonstationary Time Series and the Business Cycle, *Econometrica*, 57, 357–384.

[115] Hamilton, J. D., and Susmel, R., 1994, Autoregressive Conditional Heteroskedasticity and Changes in Regime, *Journal of Econometrics*, 64, 307–333.

[116] Hansen, B. E., 1994, Autoregressive Conditional Density Estimation, *International Economic Review*, 35, 705–730.

[117] Hansen, L. P., and Scheinkman, J. A., 1995, Back to the Future: Generating Moment Implications for Continuous-time Markov Processes, *Econometrica*, 63, 767–804.

[118] Harris, L. E., 1986, Cross-security Tests of the Mixture of Distributions Hypothesis, *Journal of Financial and Quantitative Analysis*, 21, 39–46.

[119] Harvey, A., C., 1993, Long Memory in Stochastic Volatility, Manuscript, London School of Economics, London.

[120] Harvey, C. R., Huang, R. D., 1991, Volatility in the Foreign Currency Futures Market, *Review of Financial Studies*, 4, 543–569.

[121] Heston, S., 1993, A Closed-Form Solution for Options with Stochastic Volatility with Applications to Bound and Currency Options, *Review of Financial Studies*, 6, 327–343.

[122] Heyde, C. C., 1988, Fixed Sample and Asymptotic Optimality for Classes of Estimating Functions, *Contemporary Mathematics*, 80, 241–247.

[123] Heyde, C. C., 1997, Quasi-Likelihood and Its Application, Springer-Verlag, New York.

[124] Hillebrand, E., and Medeiros, M., 2006, Asymmetries, Breaks, and Long-range Dependence in Realized Volatility: A Simultaneous Equations Approach, Discussion paper, Pontifical Catholic University of Rio de Janeiro.

[125] Hol, E., Jungbacker, B., and Koopman, S. J., 2004, Forecasting Daily Variability of the S&P 100 Stock Index Using Historical, Realized and Implied Volatility Measurements, Discussion paper, No. 2004—016/4, Tinbergen Institute.

[126] Hsieh, D., 1989, Modeling Heteroskedasticity in Daily Foreign-Exchange Rates, *Journal of Business and Economic Statistics*, 7, 307–317.

[127] Hsu, D., Miller, R., and Wichem, D., 1974, On the Stable Paretian Behavior of Stock Market Prices, *Journal of the American Statistical Association*, 69, 108–113.

[128] Hull, J., and White, A., 1987, The Pricing of Options on Assets with Stochastic Volatility, *Journal of Finance*, 42, 281–300.

[129] Jacobsen, M. , 2001a, Discretely Observed Diffusions: Classes of Estimating Functions and Small Δ-Optimality, *Scandinavian Journal of Statistics*, 28, 123–150.

[130] Jacobsen, M. , 2001b, Small Δ-Optimal Martingale Estimating Functiony for Discretely Observed Diffusions: A Simulation Study, Preprint No. 2, Department of Theoretical Statistics, University of Copenhagen.

[131] Jacobsen, M. , 2002, Optimality and Small Δ-Optimality of Martingale Estimating Functions, *Bernoulli*, 8, 643–668.

[132] Jeantheau, T. , 1998, Strong Consistency of Estimators for Multivariate ARCH Models, *Econometric Theory*, 14(1): 70–86.

[133] Jensen, M. B. , and Lunde, A. , 2001, The NIG-S & ARCH Model: a Fat-tailed Stochastic, and Autoregressive Conditional Heteroscedastic Volatility Model, *Econometrics Journal*, 4, 319–342.

[134] Jiang, G. J. , and Knight, J. L. , 1997, A Nonparametric Approach to the Estimation of Diffusion Processes, with an Application to a Short-term Interest Rate Model, *Econometric Theory*, 13, 615–645.

[135] Johannes, M. , and Polson, N. , 2003, MCMC Methods for Financial Econometrics, In AitSahalia, Y. , and Hansen, L. P. , editors, *Handbook of Financial Econometrics*, Amsterdam: North-Holland. Forthcoming.

[136] Jones, M. C. , and Faddy, M. J. , 2003, A Skewed Extension of the t Distribution with Applications, *Journal of Royal Statististical Society*, Series B, 65(2), 159–174.

[137] Karanasos, M. , Psaradakis, Z. , and Sola, M. , 2004, On the Autocorrelation Properties of Long-Memory GARCH Processes, *Journal of Time Series Analysis*, 25: 265–281.

[138] Karlin, S. , and Taylor, H. M. , 1981, *A Second Course in Stochastic Processes*, New York: Academic Press.

[139] Kesseler, M. , 1997, Estimation of an Ergodic Diffusion from Dis-

crete Observations, *Scandinavian Journal of Statistics*, 24, 211–229.

[140] Kessler, M., 2000, Simple and Explicit Estimating Functions for a Discretely Observed Diffusion Process, *Scandinavian Journal of Statistics*, 27, 65–82.

[141] Kessler, M., and Sorensen, M., 1999, Estimating Equations Based on Eigenfunctions for a Discretely Observed Diffusion Process, *Bernoulli*, 5, 299–314.

[142] Kim, C. J., 1994, Dynamic Linear Models with Markov Switching, *Journal of Econometrics*, 1–22.

[143] Kloeden, P. E., and Platen, E., 1992, Numerical Solution of Stochastic Differential Equations, Springer-Verlag Berlin Heidelberg.

[144] Klüppelberg, C., Lindner, A. and Maller, R., 2005, Continuous Time Volatility Modelling: COGARCH versus Ornstein-Uhlenbeck Models, Sonderforschungsbereich 386, Discussion Paper 426.

[145] Kuchler, U., and Sorensen, M., 1999, A Note on Limit Theorems for Multivariate Martingales, *Bernoulli*, 5, 483–493.

[146] Lamoureux, C. G., and Lastrapes, W. D., 1990, Persistence in Variance, Structural Change, and the GARCH Model, *Journal of Business & Economic Statistics*, 8, 225–234.

[147] Lamoureux, C. G., Lastrapes, W. D., 1993, Forecasting Stock Return Variance: Toward and Understanding of Stochastic Implied Volatilities, *Review of Financial Studies*, 5, 293–326.

[148] Lanne, M., and Saikkonen, P., 2005a, Modeling Conditional Skewness in Stock Returns, EUI Working Paper ECO No. 2005/14.

[149] Lanne, M., and Saikkonen, P., 2005b, Non-Linear GARCH Models for Highly Persistent Volatility, *Econometrics Journal*, 8, 251–276.

[150] Lau, A. H. L., Lau, H. S., and Wingender, J. R., 1990, The Distribution of Stock Returns: New Evidence Against the Stable Model, *Journal*

of Business&Economic Statistics, 8(2), 217–223.

[151] Lee, J., and Degennaro R. P., 2000, Smooth Transition ARCH Models: Estimation and Testing, *Review of Quantitative Finance and Accounting*, 15, 5–20.

[152] Lee, Y. N., and Li, W. K., 1998, On Smooth Transition Double Threshold Models, Research Report, HKU, Department of Statistics, 198:46pp.

[153] Li, K., 2002, Long Memory Versus Option-Implied Volatility Predictions, *Journal of Derivatives*, 9, 9–25.

[154] Li, C. W., and Li, W. K., 1996, On a Double Threshold Autoregressive Heteroskedastic Time Series Model, *Journal of Applied Econometrics*, 11, 253–274.

[155] Lillestol, J., 2000, Risk Analysis and the NIG Distribution, *Journal of Risk*, 2(4), 41–56.

[156] Ling, S., and McAleer, M., 2003, Asymptotic Theory for a Vector ARMA-GARCH Model, *Econometric Theory*, 19: 280–309.

[157] Liu, S. M., and Brorsen, B. W., 1992, Maximum Likelihood Estimation of the Stable Distribution with a Time-Varying Scale Parameter, mimeo, Department of Economics, Oklahoma State University.

[158] Liu, S. M., and Brorsen, B. W., 1995, Maximum Likelihood Estimation of a GARCH-Stable Model, *Journal of Applied Econometrics*, 10(3), 273–285.

[159] Liu, J., Li, W. K., and Li, C. W., 1997, On a Threshold Autoregression with Conditional Heteroskedastic Variances, *Journal of Statistical Planning and Inference*, 62(2), 279–300.

[160] Longin, F. M., 1997, The Threshold Effect in Expected Volatility: A Model Based on Asymmetric Information, *Review of Financial Studies*, 10, 837–869.

［161］ Lugannani, R. , and Rice, S. O. , 1980, Saddlepoint Approximation for the Distribution of the Sum of Independent Random Variables, Advances in Applied Probability, 12(2), 475−490.

［162］ Lumsdaine, R. , L. , 1996, Consistency and Asymptotic Normality of the Quasi-Maximum Likelihood Estimator in IGARCH(1,1) and Covariance Stationary GARCH(1,1) Models, *Econometrica*, 64(3), 575−596.

［163］ Lundbergh, S. , and Terasvirta, T. , 1998, Modeling Economic High-Frequency Time Series with STAR-GARCH Models, Working Paper Series in Economics and Finance, No. 291, Stockholm School of Economics.

［164］ Lundbergh, S. , Terasvirta, T. , and van Dijk, D. , 2000, Time-Varying Smooth Transition Autoregressive Models, Working Paper Series in Economics and Finance, No. 376, Stockholm School of Economics.

［165］ Mandelbrot, B. , 1963, The Variation of Certain Speculative Prices, *Journal of Business*, 36, 394−419.

［166］ Martens, M. , 2002, Measuring and Forecasting S&P 500 Index-Futures Volatility Using High-Frequency Data, *Journal of Futures Markets*, 22, 497−518.

［167］ Martens, M. , Van Dijk D. , and de Pooter M. , 2004, Modeling and Forecasting S&P 500 Volatility: Long Memory, Structural Breaks and Nonlinearity, Discussion Paper 04−067/4, Tinbergen Institute.

［168］ Martens, M. , and Zein, J. , 2004, Forecasting Financial Volatility: High-Frequency Time Series Forecasts Vis-Vis Implied Volatility, *Journal of Futures Markets*, 11, 1005−1028.

［169］ McAleer, M. , and Medeiros, M. , 2007, A Multiple Regime Smooth Transition Heterogeneous Autoregressive Model for Long Memory and Asymmetries, Discussion paper 544, Pontifical Catholic University of Rio de Janeiro.

［170］ McLeish, D. L. , and Small, C. G. , 1988, The Theory and Applica-

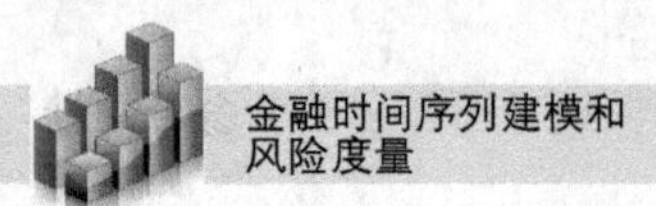

tions of Statistical Inference Functions, Springer-Verlag, New York, Lecture Notes in Statistics, 44.

[171] McNeil, A., Frey, R., and Embrechts, P. 2005. *Quantitative Risk Management: Concepts, Techniques and Tools*. Princeton University Press.

[172] Meddahi, N., and Renault, E., 2004, Temporal Aggregation of Volatility Models, *Journal of Econometrics*, 119, 355−379.

[173] Medeiros, M., and Veiga, V., 2004, Modeling Multiple Regimes in Financial Volatility with a Flexible Coefficient GARCH(1,1) Model, Discussion Paper 486, Pontifical Catholic University of Rio de Janeiro.

[174] Mencia, F. J., and Sentana, E., 2004, Estimation and Testing of Dynamic Models with Generalized Hyperbolic Innovations, CMFI Working Paper 0411, Madrid, Spain.

[175] Merton, R. C., 1973, The Theory of Rational Option Pricing, *Bell Journal of Economics and Management Science*, 4, 141−183.

[176] Miettinen, J., 2005, GARCH Modeling with Skewed Conditional Distributions, Preliminary Draft, University of Helsinki, http://www.valt.helsinki.fi/staff/lanne/workshop05/miettinen.pdf.

[177] Nelson, D. B., 1990, ARCH Models as Diffusion a Proximations, *Journal of Econometrics*, 45, 7−38.

[178] Nelson, D. B., 1991, Conditional Heteroskedasticity in Asset Returns: A New Approach, *Econometrica*, 59, 347−370.

[179] Newey, W. K., and Steigerwald, D. G., 1997, Asymptotic Bias for Quasi-Maximum-Likelihood Estimators in Conditional Heteroskedasticity Models, *Econometrica*, 65(3), 589−599.

[180] Nolan, J. P., 2007, Stable Distributions: Models for Heavy Tailed Data, Birkh, Boston, In progress, Chapter 1 online, http://academic2.american.edu/~jpnolan/stable/chap1.pdf

[181] Officer, R., 1971, A Time Series Examination of the Market Fac-

tor of the New York Stock Exchange, Ph. D. Dissertation, University of Chicago.

[182] Officer, R. 1972. The Distribution of Stock Returns. *Journal of the American Statistical Association*, 67, 807－812.

[183] Osborne, M. F. M., 1959, Brown Motion in the Stock Market, *Operations Research*, 7, 145－173

[184] Pagan, A. R., and Schwert, G. W., 1990, Alternative Models for Conditional Stock Volatility, *Journal of Econometrics*, 45, 267－290.

[185] Pong, S., Shackleton, M. B., Taylor, S. J., and Xu, X., 2004, Forecasting Currency Volatility: A Comparason of Implied Volatilities and AR(FI)MA Models, *Journal of Banking and Finance*, 28(10), 2541－2563.

[186] Prause, K. 1997. Modeling Financial Data Using Generalized Hyperbolic Distribution. FDM preprint 48, University of Freiburg.

[187] Prause, K., 1999, The Generalized Hyperbolic Model: Estimation, Financial Derivatives, and Risk Measures, Dissertation for Doctor Degree, Albert-Ludwigs-University Freiburg.

[188] Rabemananjara, R. and Zakoian, J. M., 1993, Threshold ARCH Models and Asymmetries in Volatility, *Journal of Applied Econometrics*, 8, 31－49.

[189] Richardson M., and Smith, T., 1993, A Test for Multivariate Normality in Stock Returns, *The Journal of Business*, 66(2), 295－321.

[190] Robert, C. P., and Casella, G., 1999, *Monte Carlo Statistical Methods*, Springer.

[191] Robinson, P., M., 1991, Testing for Strong Serial Correlation and Dynamic Conditional Heteroskedasticity in Multiple Regression, *Journal of Econometrics*, 47, 67－84.

[192] Rockafellar, R., and Uryasev, S., 2000, Optimization of Conditional Value at Risk, *The Journal of Risk*, 2(3): 21－41.

[193] Rockafellar, R., and Uryasev, S., 2002, Conditional Value-at-Risk

for General Loss Distributions, *Journal of Banking & Finance*, 26, 1443−1471.

[194] Romanovsky, M. Y., 2000, Truncated Levy Distribution of S&P500 Stock Index Distribution of One-Share Fluctuations in a Model Space, Physica A, 287(3), 450−460.

[195] Rydberg, T. H., 1997, The Normal Inverse Gaussian Levy Process: Simulation and Approximation, *Stochastic Models*, 13(4), 887−910.

[196] Rydberg, T., H., 1999, Generalized Hyperbolic Diffusion Processes with Applications in Finance, *Mathematical Finance*, 9, 183−201.

[197] Rydberg, T., Terasverta, T., and Asbrink, S., 1998, Stylized Facts of Daily Return Series and the Hidden Markov Model, *Journal of Applied Econometrics*, 13, 217−244.

[198] Saket, S., 2006, Esitmation of Multivariate Generalized Hyperbolic Distributions (MGHD), http://www.mathworks.com/matlabcentral/fileexchange

[199] Samuelson, P., 1965, Rational Theory of Warrant Pricing, *Industrial Management Review*, 6, 13−22.

[200] Samuelson, P., 1967, Efficient Portfolio Selection for Pareto-Levy Investment, *Journal of Financial and Quantitative Analysis*, 2, 107−117.

[201] Scharth, M., Medeiros, M., 2006, Asymmetric Effects and Long Memory in the Volatility of DJIA Stocks, Discussion paper, Pontifical Catholic University of Rio de Janeiro.

[202] Schmidt, R., 2003, Dependencies of Extreme Events in Finance: Modeling, Statistics, and Data Analysis, Dissertation. ULM.

[203] Schwert, G. W., 1990, Why Does Stock Market Volatility Change Over Time? *Journal of Finance*, 44(5), 1115−1153.

[204] Schwert, G. W., 1990, Stock Volatility and the Crash of 87, *Review of Financial Studies*, 3, 77−102.

[205] Sprenkle, C. M., 1964, Warrant Prices as Indicators of Expecta-

tions. In *The Random Character of Stock Market Prices*, edited by P. Cootner. Cambridge: M. I. T. Press.

[206] Stanton, R., 1997, A Nonparametric Model of Term Structure Dynamics and the Market Price of Interest Rate Risk, *Journal of Finance*, 52, 1973–2002.

[207] Sorensen, M., 1997, Estimating Functions for Discretely Observed Diffusions: A Review, In Basawa, I. V.; Godambe, V. P. & Taylor, R. L., editors, *Selected Proceedings of the Symposium on Estimating Functions*, 305–325. Hayward: Institute of Mathematical Statistics, IML Lecture Notes-Monograph Series, Vol. 32.

[208] Taylor, S., 1986, *Modeling Financial Time Series*, Chichester: John Wiley & Sons, Chap. 2.

[209] Terasvirta, T., 1994, Specification, Estimation, and Evaluation of Smooth Transition Autoregressive Models, *Journal of the American Statistical Association*, 89, 208–218.

[210] Thomakos, D. D., and Wang, T., 2003, Realized Volatility in the Futures Markets, *Journal of Empirical Finance*, 10, 321–353.

[211] Tsay, R., 1989, Testing and Modeling Threshold Autoregressive Processes, *Journal of the American Statistical Association*, 84, 231–240.

[212] Tse, Y. K., Zhang X. B., and Yu, J., 2004, Estimation of Hyperbolic Diffusion Using the Markov Chain Monte Carlo Method, *Quantitative Finance*, 4(2), 158–169.

[213] van Dirk, D., and Franses, P. H., 1999, Modeling Multiple Regimes in the Business Cycle, *Macroeconomic Dynamics*, 3, 311–340.

[214] van Dirk, D., Terasvirta, T., and Franses, P. H., 2002, Smooth Transition Autoregressive Models—A Survey of Recent Developments,. *Econometric Reviews*, 21, 1–47.

[215] Venter, J. H., and De Jongh, P. J., 2002, Risk Estimation Using

the Normal Inverse Gaussian Distribution, *Journal of Risk*, 4(2), 1-24.

[216] Wang K. L., Fawson C., Barrett C. B. and McDonald J., 2001, A Flexible Parametric GARCH Model with an Application to Exchange Rates, *Journal of Applied Econometrics*, 16(4), 521-536.

[217] Weiss, A., A., 1986, Asymptotic Theory for ARCH Models: Estimation and Testing, *Econometric Theory*, 2, 107-131.

[218] WenBo Hu, 2005, Calibration of Multivariate Generalized Hyperbolic Distributions Using the EM Algorithm, with Applications in Risk Management, Portfolio Optimization and Portfolio Credit Risk, Dissertation for Doctor Degree, The Florida State University College of Arts and Sciences.

[219] Wiggins, J. B., 1987, Option Values under Stochastic Volatility: Theory and Empirical Estimates, *Journal of Financial Economics*, 19, 351-372.

[220] Wolfgang Breymann, and David Luthi, 2007, ghyp: A Package on Generalized Hyperbolic Distributions, Preliminary Draft, Institute of Data Analysis and Process Design. April 5, 2007.

[221] Zaffaroni, P., 2000, Stationary and Memory of ARCH(∞) Models, Unpublished Manuscript, Bank of Italy.

[222] Zakoian, J., 1994, Threshold Heteroskedastic Models, *Journal of Economic Dynamics and Control*, 18, 931-955.

[223] 曹志广，王兴安，杨军敏. 股票收益率非正态性的蒙特卡罗模拟检验. 财经研究，2005，31(10)：34～41

[224] 胡素华，张世英，张彤. 资产价格的抛物线跳跃扩散模型. 系统工程理论与实践，2006a，3：1～10

[225] 胡素华，张世英，张彤. 正态逆高斯扩散模型的 MCMC 估计. 系统工程理论方法应用，2006b，15(2)：133～138

[226] 柯珂，张世英. 禁忌—递阶遗传算法研究. 控制与决策，2001，16(4)：480～483

[227] 柯珂，张世英. 分整增广 GARCH-M 模型. 系统工程学报，2003，

18(1):16～24

[228] 何建敏,朱林,常松.中国股票市场价格波动的尺度特征.中国管理科学,2003,2:1～5

[229] 林清泉,张建龙.CVaR鞍点解析式和CreditRisk+框架下的应用.系统工程,2008,2:25～30

[230] 詹原瑞,张建龙.信用风险优化中的期望短缺模型及基于非数值算法的求解.系统工程理论与实践,2005,5:64～67

图书在版编目（CIP）数据

金融时间序列建模和风险度量：基于广义双曲线分布的方法/林清泉、张建龙著.
北京：中国人民大学出版社，2010
（教育部人文社会科学重点研究基地重大项目成果丛书）
ISBN 978-7-300-12562-6

Ⅰ. ①金…
Ⅱ. ①林…②张…
Ⅲ. ①金融-时间序列分析
Ⅳ. ①F830

中国版本图书馆 CIP 数据核字（2010）第 147093 号

教育部人文社会科学重点研究基地重大项目成果丛书
经济学、统计学类
金融时间序列建模和风险度量
——基于广义双曲线分布的方法
林清泉　张建龙　著
Jinrong Shijian Xulie Jianmo he Fengxian Duliang

出版发行	中国人民大学出版社		
社　　址	北京中关村大街 31 号	邮政编码	100080
电　　话	010－62511242（总编室）		010－62511770（质管部）
	010－82501766（邮购部）		010－62514148（门市部）
	010－62515195（发行公司）		010－62515275（盗版举报）
网　　址	http://www.crup.com.cn		
经　　销	新华书店		
印　　刷	固安县铭成印刷有限公司		
开　　本	720 mm×1000 mm　1/16	版　　次	2011 年 1 月第 1 版
印　　张	11.5 插页 1	印　　次	2024 年 6 月第 2 次印刷
字　　数	164 000	定　　价	58.00 元